山西省高等学校科技创新项目（2021L282）
国家社会科学基金后期资助项目（21FGLB023）

U0514575

荆树伟 ◎ 著

产权异质下
传统制造型企业
精益数字化研究

中国财经出版传媒集团

经济科学出版社
Economic Science Press

图书在版编目（CIP）数据

产权异质下传统制造型企业精益数字化研究/荆树
伟著 . －－北京：经济科学出版社，2022. 11
 ISBN 978 － 7 － 5218 － 4304 － 0

Ⅰ . ①产… Ⅱ . ①荆… Ⅲ . ①数字技术 － 应用 － 制造
工业 － 精益生产 － 工业企业管理 － 生产管理 － 研究 Ⅳ.
①F407. 406. 2 － 39

中国版本图书馆 CIP 数据核字（2022）第 218089 号

责任编辑：刘战兵
责任校对：蒋子明
责任印制：范　艳

产权异质下传统制造型企业精益数字化研究

荆树伟　著

经济科学出版社出版、发行　新华书店经销
社址：北京市海淀区阜成路甲 28 号　邮编：100142
总编部电话：010 － 88191217　发行部电话：010 － 88191522
网址：www. esp. com. cn
电子邮箱：esp@ esp. com. cn
天猫网店：经济科学出版社旗舰店
网址：http：// jjkxcbs. tmall. com
北京季蜂印刷有限公司印装
710 × 1000　16 开　12. 75 印张　210000 字
2022 年 12 月第 1 版　2022 年 12 月第 1 次印刷
ISBN 978 － 7 － 5218 － 4304 － 0　定价：58. 00 元
（图书出现印装问题，本社负责调换。电话：010 － 88191510）
（版权所有　侵权必究　打击盗版　举报热线：010 － 88191661
QQ：2242791300　营销中心电话：010 － 88191537
电子邮箱：dbts@ esp. com. cn）

前　　言

　　精益数字化是精益化与数字化相结合的产物，是传统制造业实现智能制造的基石。学术界、咨询界和企业界均认识到传统制造型企业推行精益数字化的必要性。然而，大多数企业都面临着推行效果不佳的难题，甚至出现了"开倒车"的困境，主要原因在于精益数字化推行主体"动机不足"和推行"方式不明"，使得精益数字化的推行成效远远偏离预期。同时，企业产权性质异质直接决定了企业在资源条件、管理体系、政策覆盖等方面存在差异，进而导致企业精益数字化推行机理与路径的差异。基于此，首先，针对国有性质与民营性质的传统制造型企业，本书分别讨论了两种产权性质下传统制造型企业精益数字化推行主体的行为机理，并探究了产权性质与规模结构交叉影响下企业最优的精益数字化推行体系。其次，在此基础上分别分析了两种产权性质的传统制造型企业在"点线面体"各阶段的多元推行路径；构建了精益数字化推行水平评估模型，并分别对两种产权性质案例企业路径方案实施前后"点线面体"阶段相应精益数字化路径的推行水平及企业综合推行水平进行了科学评估。再次，以激励的动态性为切入点，分别分析了两种产权性质的传统制造型企业中团队内外部监督对精益数字化推行中管理者激励机制的影响，探究最优激励模型，揭示团队内部监督（即横向监督）和外部监督（即纵向监督）结合时的最佳组合条件，并提出了相应的精益数字化推行对策建议。最后，采用多案例研究，根据耗散结构理论探讨了精益数字化的嵌入对处在不同发展时期制造业企业组织韧性的影响，最终形成了制造业企业组织韧性的路径。

期待本书能够为精益数字化研究者、实践探索者提供借鉴。本书的不足之处也请批评指正。

目 录

第一章

绪　　论

第一节　研究背景及意义

一、研究背景

精益数字化是运用数字化工具将精益管理的思想、方法、流程、机制更好地融入企业生产管理过程，以打造可视化、可量化、透明化工厂的持续性改善手段，其中，精益是理论指导，数字化是实现手段。与传统精益管理模式相比，精益数字化可通过对员工队伍、物资流、同步作业、柔性生产等方面的改善来实现控制成本、提升效率、固化精益改善等目标，从而为制造型企业带来明显的效益增益。精益数字化强调全员参与、全面改善，由一线员工、基层管理者、中层管理者、高层管理者为主要推动者，分别针对现场、作业、流程、战略机制进行持续改善，即由点及线再及面和体的精益数字化推行体系。

对于传统制造业的发展而言，从国际视角出发，在国家制造业发展战略层面上，随着德国"工业4.0"、美国"工业互联网"等战略的不断推进，全球制造业逐渐走向数字化、互联化、智能化的发展道路；在国际制造格局变化上，国际制造呈现出制造业产业规模、国际分工参与水平等取得不同程度进步的新格局；在智能制造发展水平上，《全球智能制造发展指数报告（2017）》将国家按照智能制造发展水平分成引领型、发展型、潜力型和滞后型四个梯队，其中美国、日本和德国为第一梯队，是智能制造发展的"引领型"国家，英国、韩国、中国等国家为第二梯队，是智能制造发展的"发展型"国家，与部分发达国家相比，中国的智能制造水平较低。从国内视角出发，在制造业发展现状上，我国传统制造业虽有"世界工厂"的美称，但"大而不强"，仍处于"微笑曲线"的底端，产业价值链的顶端仍由欧美等发达国家和地区占据主导地位；在政策制定上，《中共中央关于制定国民经济和社会发展第十四个五年规划和二〇三五年远景目标的建议》也提出要给予高端制造和智能制造大力关注；在技术发展与应用上，得益于大数据、云计算、人工智能等新一代数字技术的广泛应用，数字经济发展的基础日益夯实，传统制造业向智能制造转型升级的动力不断汇聚；在突发事件影响上，2019年新冠肺炎疫情的暴发，短期来看对传统制造业带来了冲击和抑制，但长期来看却促进了企业的智能化转型；在消费需求变动上，消费者需求从过去的大批量共性消费向个性化、定制化消费转变，标准化、规模化的生产模式已无法满足多元客户的需求。无论是外因还是内因，都在倒逼传统制造业加速转型升级，向效率更高、更精细化的未来制造发展，传统制造业转型升级势在必行。大量实践证明，精益数字化是传统制造型企业实现智能转型的有力手段之一，学业界和企业界也认识到传统制造型企业推行精益数字化的必要性，在精益数字化的支撑下可助推传统制造业形成精益为基、数字驱动、智能引领的新业态。

精益数字化推行过程中，企业大多面临着"不去推""不会推"两个问题，即"动机不足"和"方式不明"，直接导致精益数字化的推行成效偏离预期。首先，"动机不足"的根源在于参与主体看不到长远利益或短期内自身利益遭受损失，参与主体极易产生各种情绪，主动性和积极性在情绪因素的影响下会极大地降低，为维护自身利益往往会改变自己的策略行为，参与主体行为策略的偏离是阻碍精益数字化推行进程与降低推行成效的主要原因之一。只有在参与主体的项目推行动机得到保证的情况下，才可为精益数字化后续推行路径的顺利实施提供可能。其次，企业面临的主要难题是推行"方式不明"。大多企业未能明确精益数字化"点线面体"各阶段推行方式的差异性，盲目推进各阶段的精益改善工作，导致企业整体的精益数字化推行局面呈现混乱状态，人、机、料等企业现有资源不能得到很好的配置，进而极大地影响精益数字化的推行步调及质量。事实上，由于精益数字化推行

"点线面体"四个阶段所作用的主体和客体存在差异，因此各阶段推行精益数字化的影响因素也不同。全力把控各阶段的所有要素使其维持最优状态耗时耗力且未必适合企业，并且企业面临的内外部环境不同，要素的运用逻辑也会不同，不同的要素组合会产生不同的精益数字化效果。由此可见，结合企业拥有的资源情况和组织环境选择正确的要素组合方式是顺利推行精益数字化的关键。

此外，中国的企业按产权性质可分为国有企业和非国有企业，在国内资本市场上存有大量的国有企业和民营企业，在传统制造业转型升级过程中国有企业和民营企业并重。企业产权性质异质意味着其内部机制、资源要素组合与配置、资源禀赋、外部支持等不同，这些均会对企业精益数字化开展产生直接影响。国有企业能否成功转型升级不仅关系到中国经济转型升级，而且对中国能否成功跨入制造业强国之列也具有非常重要的现实意义，但国有企业在拥有更多资源优势和政府政策支持的同时也面临着组织结构固化、员工积极性低、供应链变动联动性强等困境。而民营企业也大多面临着转型困境，尤其是中小民营企业面临着"不想转""不敢转""不会转""不能转"的"四不"困境。

对于国有性质和民营性质的传统制造型企业，应如何解决精益数字化推行"动机不足""方式不明"的问题？采用有效的精益数字化推行方案后，方案的实施情况和效果如何，即国有和民营性质的传统制造型企业应如何干预参与主体的情绪进而控制其策略选择最终保证精益数字化的推行效果？参与主体均维持正向情绪状态时，应采用怎样的精益数字化推行体系？在推行体系的支撑下应如何推行精益数字化？采用有效的精益数字化推行路径方案后，方案当前的实施情况如何？相较未采用推行路径方案前，采用推行路径方案后是否改善了企业精益数字化推行效果不佳的状况？应采取怎样的激励机制以尽可能最优地激励精益数字化推行者？首先，本书分别分析了国有性质和民营性质的传统制造型企业参与主体情绪对精益数字化推行的影响机理，可为企业管理者合理干预参与主体的情绪以优化精益数字化推行效果提供理论参考，进而解决"动机不足"的问题。其次，在参与主体均能积极推行精益数字化的基础上，结合企业规模分别分析了国有性质和民营性质的传统制造型企业最优的精益数字化推行体系。再次，分别分析了国有性质和民营性质的传统制造型企业在"点线面体"四个阶段的有效推行路径，并分别对国有性质和民营性质的传统制造型案例企业采用有效推行路径方案前后"点线面体"四个阶段的各环节以及企业整体精益数字化推行情况进行科学评估与对比分析，明确案例企业当前路径方案的实施情况并验证路径的实际效果。最后，将横向与纵向监督相结合，分析其对两种产权性质传统制造型企业在精益数字化推行过程中激励机制的影响，获取不同类型的最优激励模型，以期指导企业解决精益数字化推行中的问题，为实际精益数字化的推行提供理论借鉴，助推传统制造型企业精益数字化的顺利推行。

二、研究意义

（一）理论意义

第一，本书运用等级依赖期望效用博弈模型分析了两种产权性质的传统制造型企业精益数字化参与主体（企业员工和第三方咨询团队）情绪变动对精益数字化推行的影响机理，可明晰主体情绪与策略选择之间的演化机理，为企业合理干预参与主体情绪进而优化推行效果提供理论支持。

第二，本书在梳理精益数字化理论框架与五种推行体系的基础上，通过构建精益数字化推行体系选择模型，对大、中、小型不同规模结构的企业在国有与民营两种产权性质中传统制造型企业的精益数字化推行体系进行探究，进一步验证了"精益为基、数字驱动、智能引领"的传统制造业向智能制造转型的原则，企业在深刻剖析其优劣势的同时，建立转型产业架构与管理创新机制，实现转型。

第三，本书运用模糊集定性比较分析方法从组态视角出发分析了两种产权性质的传统制造型企业"点线面体"四个阶段精益数字化的有效推行路径，揭示了精益数字化推行的复杂因果关系，拓宽了精益数字化的研究思路。

第四，本书通过构建精益数字化推行水平评估模型，分别对两种产权性质的传统制造型案例企业的精益数字化路径方案实施水平进行评估，对比分析采用有效推行路径方案前后"点线面体"四个阶段各部分以及企业整体的精益数字化推行水平，并检验路径方案的实际改善效果，为验证路径的合理有效性提供理论支撑。

第五，本书将横向与纵向监督相结合，分析其对两种产权性质传统制造型企业在精益数字化推行过程中激励机制的影响，有利于管理者在精益数字化推行中科学设计监督策略与激励机制，为促进企业的持续发展、构建有效的团队激励机制提供理论基础。

第六，本书引入耗散结构理论，挖掘精益数字化与组织韧性之间的关系，探究精益数字化转型对组织效率提升和资源优化配置的影响，提高了组织在不利因素冲击下恢复与反弹的速度，同时也加快了企业在日益常态化的VUCA 环境中的发展步伐，对提高制造业企业的环境适应能力有一定的借鉴作用。

（二）实践意义

本书以产权性质异质为切入点，通过研究两种产权性质传统制造型企业精益数字化参与主体情绪变动对精益数字化推行的影响机理、推行体系、有效推行路径、路径推行水平与效果评估、激励机制，可指导企业合理干预参与主体情绪，尽可能使推行现状与推行目标吻合，并帮助企业明确适合自身情况的精益数字化推行路径，避免企业精益数字化推行混乱、资源浪费、效果不明显的情况出现，为企业有效推行精益数字化提供支撑，指导企业的精益数字化推行实践，进而提升精益数字化的推行效果。

第二节　国内外研究现状及发展动态分析

一、研究发展趋势

（一）中文文献研究趋势

申请人以"智能制造""精益＋制造""数字化＋制造""精益＋数字化"为关键词在中文社会科学引文索引（CCSSCI）数据库中对国家自然科学基金委管理科学部30 种重要期刊进行检索，检索时首先剔除明显与本书研究领域相关性很低的期刊《金融研究》《会计研究》《情报学报》《公共管理学报》《农业经济问题》《中国人口资源与环境》《中国农村经济》《数理统计与管理》《数量经济技术经济研究》，检索时间为2002 年1 月1 日～

2021 年 12 月 30 日。通过对检索结果进行筛选整理，最终确定了 141 篇相关中文文献进行分析，这些文献集中发表在《工业工程与管理》《管理科学学报》《科研管理》《中国软科学》《管理评论》等期刊上（见表 1 - 1）。就研究主题而言，中文文献主要集中于"智能制造""精益 + 制造"和"数字化 + 制造"，但鲜有学者将精益化与数字化合二为一进行探讨。

表 1 - 1　　　　2002 年以来与课题相关的 CSSCI 期刊文章分布　　　　单位：篇

期刊	主题词			合计
	智能制造	精益 + 制造	数字化 + 制造	
《管理科学学报》	1	15	3	19
《中国软科学》	8	1	2	11
《系统工程理论与实践》	4	0	1	5
《科研管理》	9	5	2	16
《管理科学》	2	1	3	6
《管理评论》	1	4	3	8
《管理工程学报》	1	3	1	5
《科学学与科学技术管理》	4	1	1	6
《工业工程与管理》	6	12	1	19
《中国工业经济》	4	1	0	5
《管理世界》	6	0	0	6
《中国管理科学》	1	0	0	1
《系统工程学报》	0	1	1	2
《系统管理学报》	0	2	1	3
《系统工程》	0	1	0	1
《科学学研究》	11	0	1	12
《运筹与管理》	2	1	1	4
《研究与发展管理》	3	0	2	5
《南开管理评论》	2	1	1	4
《预测》	1	2	0	3
合计	66	51	24	141

资料来源：笔者通过文献整理而得。

从年度发文量来看（见表 1 - 2），近年来出现大幅增长，"智能制造"主题的中文文献在 2012 年之后开始出现，2012～2016 年仅有 5 篇，但 2017 年之后猛增 61 篇，充分显示了该研究领域的热度和流行度，关于"数字化 + 制造"的讨论也是最近十年才得到较高关注。

表 1 - 2　　　　　　　与课题相关的 CSSCI 期刊年度发文量分布　　　　单位：篇

检索主题词	时间				合计
	2002～2006 年	2007～2011 年	2012～2016 年	2017～2021 年	
智能制造	0	0	5	61	66
精益 + 制造	5	7	19	20	51
数字化 + 制造	1	2	7	14	24
精益 + 数字化	0	0	0	1	1
合计	6	9	31	96	142

资料来源：笔者通过文献整理而得。

（二）外文文献研究趋势

申请人以"lean"AND"manufacturing industry"、"digitization"AND"manufacturing industry"、"intelligent manufacturing"为主题词在 Web of Science 核心合集数据库进行检索，检索时间为 2002 年 1 月 1 日～2021 年 12 月 30 日。通过对检索结果进行筛选整理，最终确定了 623 篇相关英文文献进行分析，这些文献主要发表于 Journal of Intelligent Manufacturing、IEEE Transactions on Industrial Informatics、International Journal of Advanced Manufacturing Technology、Computers & Industrial Engineering 等工业制造管理类期刊（见表 1 - 3）。就研究主题而言，外文文献主要集中于"智能制造"，少量文献分布在"精益制造"和"数字化制造"，也鲜有学者将精益化与数字化合二为一进行探讨。

表1－3 2002年以来与课题相关的外文 SCI/SSCI 期刊论文分布 单位：篇

期刊名缩写	主题词			合计
	"intelligent manufacturing"	"lean" AND "manufacturing industry"	"digitalization" AND "manufacturing industry"	
IEEE T IND INFORM	32	1	3	36
IEEE－ASME T MECH	13	4	2	19
J MANUF SYST	14	3	10	27
J INTELL MANUF	47	6	4	57
IEEE ACCESS	42	6	2	50
COMPUT IND ENG	18	4	1	23
ENGINEERING	18	1	1	20
INT J PROD RES	18	12	1	31
INT J ADV MANUF TECH	38	7	8	53
J MANUF TECHNOL MANA	4	15	4	23
OTHER	178	63	43	284
TOTAL	422	122	79	623

资料来源：笔者通过文献整理而得。

注：期刊缩写所对应的原称如下：IEEE T IND INFORM：IEEE Transactions on Industrial Informatics；IEEE－ASME T MECH：IEEE－ASME Transactions on Mechatronics；J MANUF SYST：Journal of Manufacturing Systems；J INTELL MANUF：Journal of Intelligent Manufacturing；COMPUT IND ENG：Computers & Industrial Engineering；INT J PROD RES：International Journal of Production Research；INT J ADV MANUF TECH：International Journal of Advanced Manufacturing Technology；J MANUF TECHNOL MANA：Journal of Manufacturing Technology Management.

从年度发文量来看（见表1－4），从2012年至今出现了大幅增长，"智能制造"主题的文献相关其他两个主题的文献较多，2012～2016年为46篇，2017～2019年为144篇，2020～2021年为293篇，充分显示了学术界对智能制造的关注。

表1-4　　2002~2021年与课题相关的外文SCI/SSCI期刊发文量分布　　单位：篇

检索主题词	时间					合计
	2002~ 2006年	2007~ 2011年	2012~ 2016年	2017~ 2019年	2020~ 2021年	
"intelligent manufacturing"	0	13	46	144	219	422
"lean" AND "manufacturing industry"	14	17	17	39	35	122
"digitalization" AND "manufacturing industry"	0	4	6	30	39	79
合计	14	34	69	213	293	623

资料来源：笔者通过文献整理而得。

综上所述，国内外文献对"智能制造"的关注多于"精益+制造""数字化+制造"主题，外文文献对"精益+制造""数字化+制造"的关注多于中文文献，且逐渐成为研究热点。但智能制造的实施离不开精益数字化的支撑。故本书拟紧扣制造业转型升级、赶超国际先进水平的发展机遇，从智能制造背景着手，弥补现有研究者精益化与数字化研究的缺位，探讨制造业与精益数字化的融合机理，以极大地丰富现有研究。

（三）主题演进趋势

为了从时间与内容两个维度刻画相关研究的关注焦点和领域边界，利用CiteSpace V对文献［来自Web of Science核心合集数据库与中国社会科学引文索引（CSSCI）数据库］的关键词进行了时间线（timeline）时间区度可视化分析，以更清楚地呈现该领域内研究主题的发展脉络。时间线视图主要侧重于勾画聚类之间的关系和某个聚类中文献的历史跨度，同一聚类的节点按照时间顺序被排布在同一水平线上，展示这一聚类的历史成果。某条时间轴上的节点越多，说明此类聚类文献越多，节点越大，年代环越大，代表该关键词引用次数越多。

中文文献最早于2004年开始对数字化制造展开研究，2004~2013年十年间，文献数量较少，鲜有研究热点出现，直至2014年"智能制造"关键词的出现，引发了新一轮的研究热潮；2016年"工业4.0"等的出现，将该热潮推向更高峰。故中文文献研究时间线为：数字化制造—智能制造—工业4.0，而外文文献在2013年就形成了以智能制造为主的研究热点，"system""algorithm"等关键词在网络中具有较高的中心度，显然该阶段学者的研究以通过算法优化系统为主；2015年"model""performance""framework"等关键词重复出现，首次催生出"lean manufacturing"关键词，形成了新的年代环，并自动聚类，表明该阶段国外学者以探究性能优化为主。2016年"industry 4.0"出现，并形成"artificial intelligence""machine learning"等高频关键词。故外文文献研究时间线为：网络物理系统—智能制造系统—精益生产与工业4.0。

聚类结果显示，中文文献集中于制造业数字化转型升级领域，而外文文献聚焦于信息制造系统的改进，且外文文献关键词引用密度要远高于中文文献。由此可见，虽然国内外研究趋势保持一致，但在研究视角的丰富性、理论研究的深度、研究进度等方面国内研究均略落后于国外，本书拟在吸取国外研究成果的基础上，丰富和完善国内智能制造研究体系。

二、研究热点综述

通过上述对中外文文献的分析，发现学术界相关研究主要集中在"智能制造"、"数字化、智能化、精益化"以及"精益数字化与传统制造业融合发展"方面，以下据此进行综述。

（一）智能制造相关研究

当前，工业互联网、大数据、人工智能的出现逐渐实现了群体突破和融合应用，逐步开创了制造业数字化、网络化、智能化制造的新阶段。智能制造不仅是我国制造业创新发展的主要抓手、主攻方向以及战略制高点（陈明等，2016；Deng，2021），更是得到了世界各国政府的广泛关注和普遍重视（王友发和周献中，2016）。如美国"先进制造业国家战略"（李金华，2020；左世全，2018；张恒梅，2015）、法国"新工业法国计划"（Trompette and Legal，2020；王雪等，2018）、德国"工业4.0"（Cui et al.，2020；黄顺魁，2015；贺正楚和潘红玉，2015；Sendler，2017）、日本"社会5.0"战略（Fukuda，2020；Taki，2017）、韩国"制造业创新3.0计划"（Han，

2014）等。从实践看，智能制造先行企业的资源基础、驱动机制、流程惯例、价值创造、企业形态、企业边界、竞争方式等方面已经呈现出前所未有的变化（杨青峰和任锦鸾，2020；Ren et al.，2022）。中国的制造业发展战略把智能制造作为"两化"深度融合的主攻方向，对于人力资本稀缺、劳动使用密集以及经营状态较差企业，智能化发展的生产率效应更为突出，智能制造是缓解用工成本上升、技能人才"脱实向虚"以及实现企业经营脱困的重要手段（温湖炜和钟启明，2021），学术界主要从智能制造的内涵、模式、影响因素及新技术范式等方面展开了讨论。

1. 内涵演变

随着信息技术在制造业领域应用的不断深入，制造系统的信息化已经从单位数字化制造发展到集成化网络化制造，再发展到综合数字化、网络化、智能化制造（李晓华和王怡帆，2020；Zhang，2019；卢阳光等，2019）。2010 年之前，"智能制造"（intelligent manufacturing，IM）随着计算机集成制造系统的研究开始兴起，核心是借助智能制造系统实现制造过程的自测量、自适应、自诊断、自学习，达到制造柔性化、无人化（郑力等，2010），主要表现在智能调度、智能设计、智能加工、智能操作、智能控制、智能工艺规划、智能测量和诊断等多方面（周佳军等，2017），双 I（integration & intelligence）是其重要特征（杨叔子和丁洪，1992）。2010 年之后，移动宽带、云计算技术、信息物理系统及大数据等新一代信息技术的出现，从根本上改变了制造模式发展格局和制造业信息化建设的路径，极大地扩展了智能制造的研究范畴（Kang et al.，2016），自动化趋势以及工业机器人的规模化使用是制造业从"制造"转向"智造"的重要表现（付宏等，2020）。智能制造通过融合物联网、知识网和人际网，具备了"智慧"所定义的感知、判断和行动能力，在智能制造的基础上，继承、包容和发展了 SM（smart manufacturing）（Zhuang et al.，2021；姚锡凡等，2014）。智能制造是一个涵盖广泛特定主题的通用概念（Zhou et al.，2015），包含复杂的知识活动，涉及人工智能、敏捷制造、边缘计算等不同领域的异质性知识，在组织内的创造、扩散与融合，要求生产制造全过程实施智能化技术改造（王影等，2021）。郑松（2015）提出智能制造是先进制造技术与新一代信息技术的深度融合，它有效贯穿于产品、制造、服务全生命周期各环节和制造系统集成全过程，强调数字化设计与制造、智能装备、智能机器人、物联网、人工智能、大数据、云计算等关键技术的集成（李晶，2020；Yuan et al.，2022），旨在高效完成制造业数字化、网络化、智能化，逐步增强企业产品质量和效益服务能力，最终促进制造业的创新、协调、绿色、开放、共享发展（Zhou，2018），具有状态感知、实时分析、精准执行、自主决策四个典型特征（刘检华，2016）。然而，我国仍受智能制造基础理论和技术应用结构不平衡、智能制造基础设施建设相对落后、智能制造标准体系构建相对滞后、智能制造管理制度支持不足等制约（吴旺延和刘珺宇，2020）。

2. 影响因素

经济发展进入新常态，传统制造业面临着两种力量的综合作用：一是由于市场需求多变、劳动力等资源要素成本上升、节能减排约束趋紧所形成的多重压力和困境；二是经济结构优化、增长动力切换和制度环境改善所带来的战略合作、业态创新、技术变革等多方面的动力和机遇（易开刚和孙漪，2016）。在两方力量的共同作用下，传统制造向智能制造发展受到了多种因素的影响，归纳起来可分为三类（见表1-5）。

表1-5　　　　　　　　传统制造向智能制造转变影响因素

类别	影响因素	代表性学者
内外部因素综合影响	内部因素：企业数字化转型、集成互联、协同融合 外部因素：新一代信息技术、国家政策、人才建设	向贵君，2019；孟凡生等，2018
	内部因素：智能化技术创新、智能化装备资源、智能化交互能力、数字化集成能力以及智能化服务平台建设 外部因素：产品市场需求，市场竞争强度	尹明和尹成鑫，2019
	内部因素：资金要素、人力要素、物质要素、自主创新能力、营销动态能力、企业家精神 外部因素：行业竞争环境、政府政策	李孟原和陈晓荣，2019
	内部因素：实体世界与数字世界、数据要素和智能使能能力、算法经济与信息茧房、数据开放和隐私保护 外部因素：技术演化的不确定性、社会发展的未知性和不可预测性、数字主权、滞后的制度适应	杨青峰和任锦鸾，2021

类别	影响因素	代表性学者
人为因素	机器人与人类操作员的关系、操作员的决策能力	奥利夫等（Oliff et al.，2018，2020）
	人的知识和动机	斯塔德尼卡等（Stadnicka et al.，2019）；郭等（Guo et al.，2022）
其他因素	产业链因素、资本因素、发展因素	刘等（Liu et al.，2017）
	产品市场需求、智能技术、智能装备资源、智能交互能力、智能服务平台、智能管理系统、环境变化以及企业家精神	苏贝和杨水利，2018
	技术创新、技术人才、市场规模、交通条件、开放程度、产业基础、制度环境	杨志恒和刘美凤，2019；哈格涅加达尔等（Haghnegahdar et al.，2022）

资料来源：笔者通过文献整理而得。

第一类：内外部因素综合影响。影响传统制造业向智能制造转型升级的相关因素可分为内部和外部两个维度：内部因素包括企业数字化转型、集成互联、协同融合等。互联网的发展和应用改变了人与数据、数据与数据之间的关系，要求传统制造企业转变观念，创新思维（何大安，2018；Haghnegahdar et al.，2022）。除此之外，企业需要善于识别市场机会、整合多方力量、提升互联网应用水平等多方面的动态能力（吉峰等，2016），同时也要考虑实体世界与数字世界、数据要素和智能使能能力、算法经济与信息茧房、数据开放和隐私保护等内部因素（杨青峰和任锦鸾，2021；Zhang，2022）。外部因素包括新一代信息技术、国家政策、人才建设等方面（向贵君，2019），它从政策环境、产业合作和行业竞争三个方面直接影响企业智造化能力建设，进而间接影响智造化转型进程（Wang et al.，2020；孟凡生和赵刚，2019）。在互联网浪潮的冲击下，消费者需求正从过去的大批量消费向个性化消费转变，要素环境、制度环境、产业环境综合导致了制造业的低端锁定（易开刚和孙漪，2014），这必然要求传统制造业进行数字化、网络化、智能化改造，变革生产方式，创新商业模式，发展大规模个性化定制和线上线下协同营销（杜传忠等，2016）。尹明和尹成鑫（2019）提出制造业智能化转型升级主要通过智能化制造效率和智能化制造技术两个维度进行衡量，影响其能力的因素既包含其自身的智能化技术创新、智能化装备资源、智能化交互能力、数字化集成能力以及智能化服务平台建设等内部因素，还要从外部环境上，包含从产品市场的需求、市场竞争强度等方面进行多元化衡量。

第二类：人的因素。自工业化开始以来，机器功能的增强方式使对过程的人工控制已从简单（机械化）发展到认知（计算机化），甚至是情感化（半/全自动化）。机器人操作员在制造过程中变得司空见惯，人在智能制造系统中扮演着核心角色（Stadnicka et al.，2019；Guo et al.，2022），一方面是人的知识对于创建和改善智能制造系统是必不可少的，另一方面由于人的动机对于识别和解决可能发生问题的原因非常重要，人为因素会对智能制造产生严重的干扰和不确定性，特别是操作人员的操作技能和决策能力（Oliff et al.，2018，2020）。因此，近期学者提出坚持以人为本的思想，通过人机合作原理设计智能系统（Pacaux-Lemoine et al.，2017；Habib et al.，2017；Flemisch et al.，2016；Guerin et al.，2019）。

第三类：其他因素。根据智能制造具有的知识技术密集、产业链协同、高度市场化、高成长性等特点，杨志恒和刘美凤（2019）、哈格涅加达尔等（Haghnegahdar et al.，2022）将智能制造影响因素概括为技术创新、技术人才、市场规模、交通条件、开放程度、产业基础、制度环境七个方面。苏贝和杨水利（2018）则提出产品市场需求、智能技术、智能装备资源、智能交互能力、智能服务平台、智能管理系统是影响产品设计、制造过程、服务以及管理智能化的关键因素，环境变化以及企业家精神是智能化转型升级的重要保障。而刘等（Liu et al.，2017）提出产业链因素是刺激智能制造业发展的主要动力，资本因素和发展因素是有助于企业向先进水平发展的重要因素。

3. 智能制造模式

2016年4月，工业和信息化部发布《智能制造试点示范2016专项行动实施方案》，文件提出对五种新模式进行试点示范，形成一批关键领域的智能制造标准，不断形成并推广智能制造新模式。国内外众多学者也针对离散型智能制造、流程型智能制造、大规模个性化定制模式、网络协同制造模式以及远程运维服务模式展开了丰富的研究，详见表1-6。

表 1-6	智能制造模式	
智能制造模式	内涵及特点	代表性学者
离散型智能制造	离散型智能制造特点是设备散、工序不连续、社会单元孤岛特征明显。要实现数据的自由流动，需建立物与机、机与机、人与机、人与人以及企业与企业之间信息充分交互基础。因此数据在离散型企业推进智能制造过程中起着关键的基础作用	刘等（Liu et al.，2022）；李等（Li et al.，2022）；康志男和王海燕（2020）；迪亚兹等（Diaz et al.，2019）；杨彦明（2019）；阿姆等（Arm et al.，2018）；王和哈里（Wang and Hajli，2017）；岳维松等（2017）；丹格梅尔等（Dangelmaier et al.，2005）；马约内等（Maione et al.，2001）
流程型智能制造	流程型智能制造注重制造过程的在线优化和精细化管理，是智能制造重点发展方向之一，包括智能化流程设计、智能化流程生产运行、智能化流程管理、智能化流程供应链、智能化流程服务体系。其特点是实现管理、生产、操作协同；实现连续性生产智能化；保障生产数据的准确和及时反馈	张等（Zhang et al.，2022）；费舍等（Fisher et al.，2020）；克鲁格等（Kruger et al.，2011）；王海龙（2017）；罗敏明（2016）；杨舒涵（2018）；颉建新（2018）
大规模个性化定制模式	大规模个性化定制是指基于新一代信息技术和柔性制造技术，以模块化设计为基础，以接近大批量生产的效率和成本提供能满足客户个性化需求的一种智能服务模式。实现大规模个性化定制的关键能力包括生产效率、灵活性、质量、可持续	周等（Choi et al.，2022）；伯格等（Burge et al.，2022）；彭莹莹和汪昕宇（2020）；姜忠辉等（2020）；周文辉等（2016）；陈罡（2016）；徐扬（2015）；陈等（Chen et al.，2017）；董等（Dong et al.，2012）；姚和许（Yao and Xu，2018）
网络协同制造模式	网络协同制造模式主要适用于产品结构复杂、设计周期长、制造环节多的大型装备产品，如飞机、大型船舶等	张等（Zhang et al.，2022）；卡赞采夫等（Kazantsev et al.，2022）；唐国锋和李丹（2020）；赵剑波（2020）；迪米特里斯等（Dimitris et al.，2019）；王海龙等（2017）
远程运维服务模式	远程运维服务模式是主动预防型运维、全生命周期运维和集成系统运维在集中化、共享化、智慧化趋势下的集中体现。广泛性、网络性的服务与仓储体系是业务支撑；智能化技术和设备的改造与运用是服务基础；大数据、云计算平台的建设与管理是技术保障；"智慧大脑＋高效前台"的运维模式是价值核心	任等（Ren et al.，2022）；黄（Huang，2020）；科洛尼等（Cologni et al.，2015）；泰希尼等（Tesini et al.，2011）；侯彦全等（2017）；胡元聪（2020）

资料来源：笔者通过文献整理而得。

4. 智能制造技术范式

随着制造业的智能化实践，形成了不同的技术范式，主要有精益生产（Tiwari et al.，2020；Hoellthaler et al.，2018）、柔性制造（王晓明等，2020；Florescu and Barabas，2020；Buzacott and Yao，1986）、并行工程（Rihar，2020；Welo et al.，2019；Karningsih et al.，2015；陈敬武和班立杰，2020）、敏捷制造（Kumar Potdar et al.，2018；Balashova and Gromova，2018）、数字制造（Yan et al.，2020；Butterfield et al.，2010）、计算机集成制造（Wang et al.，2020）、网络制造和云制造（杨欣等，2020；Yan et al.，2017；Jeong，2012）等，物联网（LOT）、网络物理系统（CPS）、云计算及大数据分析（BDA）、信息和通信技术（ICT）是核心技术推动力（Hung et al.，2022），这些范式在引导制造业技术升级方面都发挥了积极作用。根据信息技术与制造业在不同阶段的集成特征，可归纳为数字化制造、数字化网络制造、新一代智能制造三个技术范式（Zhou，2018），技术范式升级和技术范式变迁交错演进构成制造业发展的基本规律（焦勇，2020），许多制造公司在三种技术范式中都采用了顺序升级策略（Zhou et al.，2019），其中，前端技术依赖于基础技术（Gillani et al.，2020），这种循序渐进的途径已被学者视为常规途径。但对于中国而言，制造业并非铁板一块，不同的细分产业具有不同的发展背景和条件（牛志伟和邹昭晞，2020），发展阶段、发展路径、发展状况存在很大差异，面临的情形也大不相同（Xu et al.，2018；Liu，2017）：一方面是由于中国制造业企业具有从低端电气化机械到领先的数字网络技术在内的多种技术基础，它们可能未遵循相同的升级途径（Chen et al.，2017）；另一方面，中国制造业企业的目标是实现从技术追随者到技术领先者的迅速追赶，制造商可以通过采用智能制造技术迅速获得领域专业知识，过渡阶段的动荡可能会为跨越式的发展带来宝贵机会（Yao，2019；Li et al.，2010）。因此，"串行推进"次第的发展路线并不适合中国本土情况，只有遵循"局部嵌入→局部突破→整体嵌入→全面超越"的路径成长（张振刚等，2020），沿着"并行推进、融合发展"的发展路线才是正确选择（周济，2012）。目前中国大多数制造企业智能制造能力的成熟度处于1级或1级以下，具有很大的提升空间（Hu and Gao，2019；肖吉军等，2020）。

综上所述，已有文献围绕智能制造从内涵演变、影响因素、模式、技术范式等方面进行了研究，明晰了什么是智能制造、影响智能制造的各方面因素、智能制造的主要模式和相关的技术范式，进一步明确了智能制造是中国传统制造业企业发展的方向，也为本书在此背景下探究精益数字化与传统制造业的融合问题奠定了基础。

（二）数字化、智能化与精益化相关研究

1. 数字化、智能化、精益化概念辨析

数字化是指利用计算机软（硬）件及网络、通信技术，对描述的对象进行数字定义、建模、存贮、处理、传递、分析、优化，从而达到精确描述和科学决策的过程和方法（Chen and Tian，2022）。数字化在数字孪生、无限收敛性、自我迭代性三个维度上延展（陈冬梅，2020），是基于数字技术的研究（Barnewold and Lottermoser，2020）。数字化技术具有描述精确、可编程、传递迅速、便于存贮、转换和集成等特点，因此数字化技术为各个领域的科技进步和创新提供了崭新的工具（刘检华，2016；Piltan et al.，2022）。而智能化是指事物在网络、大数据、物联网和人工智能等技术的支持下，所具有的能动地满足人的各种需求的属性（杨勇，2014），旨在整合大量不同的数字技术、装备传感器并自主配置这些资源（Buer et al.，2020）。基于较为狭义的数字化视角，可将智能制造发展划分为信息化与制造业融合渐次迭代升级的三个阶段：数字化制造、网络化制造、智能化制造（胡汝银，2020）。精益起源于丰田生产方式（Toyota Production System，TPS），被广泛认为是一种系统化和可视化的方法，通过广泛的员工参与和持续改进来减少浪费和改善流程（Tortorella et al.，2020）。随着精益思想的推广，精益思想也被广泛应用于其他领域，如医疗、建筑、产品开发、环境、教育等（Matt et al.，2015；Jones and Mitchell，2006；Ballard，1997）。其定义可分为两种：结果导向和过程导向：结果导向的定义描述了精益如何支持研发以提高产品的质量和功能，从而有助于市场的成功（Mynott，2012）；面向过程的定义描述了精益对减少浪费和提高内部产品开发过程价值的影响（Rossini et al.，2019）。精益化管理，也即精益管理是一种全新的企业管理、经营运作理念、方法、技术、工具等集成的科学体系（Jing et al.，2016；江志斌和周利平，2017；Jing et al.，2019），精益管理由精益制造演变而来，遵循价值流、拉动、流动、完美的原则（Gładysz，2020）。在精益管理体系中，以人的精益为本是企业文化的基石，价值流是管理关注的焦

点，精益求精是管理追求的目标，杜绝消耗资源但不创造价值的活动，以实现企业价值的最大化为主旋律（许建和向昌国，2009；Nedjwa et al.，2022）。

2. 数字化、智能化、精益化关系辨析

数字化与智能化侧重点不同。数字化侧重于产品全生命周期的数字化技术应用，而智能制造侧重于人工智能技术的应用，数字化制造技术是实现智能制造的必经之路，同时智能化是数字化制造技术的发展方向之一，智能制造系统将生产过程数字化（Aceto et al.，2020），即采用智能方法，实现智能设计、智能工艺、智能加工、智能装配、智能管理等，进一步提高产品设计制造管理全过程的效率和质量（刘检华，2016；Uemura et al.，2022）。而精益生产作为一种运营管理模式与方法，其目的是通过持续的优化和标准化，以更少的浪费实现连续的价值流（Wang et al.，2020；Dombrowskia et al.，2019；Bhamu and Sangwan，2014；Salonitis and Tsinopoulos，2016）；而数字化智能化的核心是建立信息物理系统，通过"感知设备—网络传输—数字化平台—网络传输—应用终端"的传导方式进行全方位的资源调度（盛磊，2020），聚焦于智能工厂和智能生产两个主题，实现领先的供应商战略与领先的市场战略，实现横向集成、纵向集成与端对端的集成（唐堂等，2018）。它们虽然是应用不同的方法，但其本质是一致的，都指向高效率、低成本、优品质的制造业输出（Prinz et al.，2018；赵福全等，2018）。齐亚诺等（Ciano et al.，2020）提出精益是数字化的前提条件，而数字化是克服精益局限并增强其实践的工具。足够成熟的精益生产要素和精益生产系统是实施数字化工具的推动者（Dombrowski et al.，2016；王春豪等，2017）。精益与数字化（或其他科技手段）之间的类比关系，更像是"方法论"与"使用工具"，前者是理论指导，后者是实现手段，只有前者没有后者，则理论无法落地或无法得以高效地执行，只有后者没有前者，则好比无的放矢，很可能空费精力而徒劳无功，甚至得到南辕北辙的结果，因此两者同等重要，缺一不可（黄昌夏，2019；Michail et al.，2019）。此外，精益生产还是实现智能制造的重要基础和支撑。通过精益化的生产信息管理系统、智慧工厂生产线布局规划和自动化生产设备，能够促使生产方通过最低的资源投入获取最高的收益，能够让智能生产工程更加高效率、低成本地运行，同时还能让工程运作更为灵活，从根本上实现智能制造（辛鑫，2019；Mahdavisharif et al.，2022）。

　　精益与数字化、智能化之间是协同的，其之间的有机融合能更有效地促进企业的发展，提升企业绩效（Chiarini，2020；Tripathi et al.，2022）。在未来制造业转型升级的浪潮中，并不存在精益过时、将被智能制造取代的问题，相反两者缺一不可、互为促进。伴随着智能化技术条件带来的生产灵活性提升和分散资源协同，精益完全可以得到更广范围和更高程度的实现，在数字化、信息化的背景下，精益管理的许多性能已经被提升（Deuse et al.，2020），可以说智能制造将为提升制造业精益水平提供重要工具和手段（赵福全，2018；Zhao and Sang，2019）。

　　综上所述，已有文献从概念和关系两方面辨析了智能化、数字化与精益化，明晰了智能制造背景下精益化是理论指导、数字化是实现手段，只有精益化没有数字化，则理论无法落地，只有数字化没有精益化，则徒劳无功，二者缺一不可；智能化背景下精益化与数字化之间不存在任何的矛盾，二者之间的有机融合还能更有效地促进企业的发展。这些研究进一步验证了"精益为基、数字驱动、智能引领"这一理论的正确性，为本书研究提供了重要的依据，但已有研究未给出智能制造背景下精益化与数字化融合的具体特征与表现，一定程度上制约了精益数字化方面的相关理论研究。

（三）精益数字化与传统制造业融合发展相关研究

　　以互联网、云计算、大数据、物联网、人工智能为代表的数字技术近几年发展迅猛（刘洋等，2020；陈煜波等，2018），人类的发展由原子加工过程转变成为信息加工处理过程，数字技术与传统产业的深度融合释放出巨大能量，成为引领经济发展的强劲动力，这不仅改变了人们的生活方式，也要求企业重新思考设计原来的运作模式（吴英豪，2019）。从国际范围来看，制造业遵循着"劳动密集、设备密集、信息密集、知识密集"的轨迹，并正在经历着从信息集成走向知识集成新的发展阶段，从效率、动力和质量三个方面进行变革、实现经济的高质量发展迫在眉睫（韩晶等，2020）。而精益生产系统是传统制造业中最为先进的生产系统，精益企业整合了所有业务部门，如精益开发、精益生产和精益销售与服务，以及精益管理或精益领导，从整体上最大化价值创造的效率和效力（Dombrowskia et al.，2019）。所以，以精益制造过程的知识融合为基础、以数字化建模仿真与优化为特征的"精益数字化制造"研究正成为制造技术发展研究的重要领域。

1. 融合影响因素

数字化已全面融入企业生产经营全过程，成为驱动中国传统制造企业创新发展的重要力量（Lee，2020）。但现有学术研究成果主要集中于研究传统制造业转型升级的影响因素，仅有少部分文献涉及数字化与传统制造业融合的影响因素研究，未曾有学者研究过精益数字化与传统制造业融合的影响因素。将数字化与传统制造业融合的影响因素研究成果进行梳理，可以发现融合制约因素主要存在于内部和外部两个方面（罗序斌，2019）。内部影响因素可分为企业特征与企业内部动因两部分（王维才等，2019）。企业特征中，企业高层素质（Vinodh et al.，2015）、规模结构（孔伟杰，2012）、所有制结构、产业结构及制度供给均具有显著影响（蒙丹，2018）；企业内部动因中，企业技术能力、数据应用能力、组织模式以及业务集成能力是制约传统制造业建设数字化新模式的主要制约因素（李君等，2019），大数据和物联网生态系统是最重要的推动因素，互换性、消费者群体、物联网接口的鲁棒性和网络能力是最依赖因素（Rajput and Singh，2019），创新能力是企业进行数字化升级最关键的因素（孔伟杰，2012），而高效的组织协同能力是互联网时代创新的基本要求（侯光明等，2018），转变文化观念是促使根源发挥作用的变革条件（Dong et al.，2019）。外部影响因素主要是指传统制造企业与精益数字化融合面临的各种外在影响，现有学者的研究成果可从宏观、微观两个层面归纳。宏观层面，企业所面临的行业环境和宏观经济环境是影响精益数字化融合的两大因素（王维才等，2019），如智能化技术的发展水平、商业环境变化（Ghobakhloo et al.，2020）；微观层面，主要包括政府管制、市场压力、数字化技术发展水平（Feng et al.，2020）、数字化人才、收入增长和盈利能力（王世明，2019）等因素。

2. 研究方法

从研究的方法看，现有文献关于精益数字化与传统制造业融合发展的研究既有定性研究，也有定量研究（见表1-7）。分类别来看，影响因素分析方面，学者多从定量研究入手，使用频率较高的研究方法有结构方程模型（蒙丹，2018；杨树青等，2014；Zhai and An，2020）、多元回归模型（王维才和吴琦，2019；王小波和李婧雯，2016；谈艳等，2017）等；融合机理分析方面，较多学者使用定性分析展开探索（任保平和豆渊博，2021；曾繁华等，2016；郭伟锋等，2012；张伯旭和李辉，2017），部分学者采用演化博弈模型（张宏娟等，2016；孟凡生等，2019；Jing et al.，2020）、中介效应模型（薛纯和杨瑾，2017）等方法进行论证；融合路径分析方面，大多数学者从定性研究入手（罗序斌，2019；吴小锋等，2018），部分学者则是采用微笑曲线理论，从微观视角分析数字化对制造业各经营环节产生的影响（杨鹏等，2020；卞亚斌，2019；冯晓莉等，2018），吕文晶等（2019）则是采用探索性单案例研究方法，剖析了海尔集团智能制造模式及其在全球价值链升级的动态机理，众多国外学者采用了多案例研究方法进行此方面研究（Harris et al.，2019；Clarissa et al.，2019；Gebauer and Fleisch，2020）。

表 1 - 7　　　　　　　精益数字化与制造业融合相关的研究方法

研究类别	研究方法	代表性学者
融合影响因素	VAR 模型	刘晓庆和龙腾（2019）
	多元回归	王维才和吴琦（2019）；王小波和李婧雯（2016）；谈艳等（2017）
	因子分析	罗序斌（2019）
	结构方程	蒙丹（2018）；杨树青等（2014）；孟凡生等（2019）；翟和安（Zhai and An，2020）
	扎根理论	苏贝和杨水利（2018）；奥利维拉等（Oliveira et al.，2019）
	数据包络分析	陈畴镛和徐申迪（2017）；侯建和陈恒（2018）
	二元选择模型	孔伟杰（2012）
	Fuzzy DEMATEL Method	冯和马（Feng and Ma，2020）
	案例分析	戴勇（2013）；赵和桑（Zhao and Sang，2019）
	结构解释模型	侯光明等（2018）
	广义矩估计法	余东华和水冰（2017）
融合影响因素	支持向量回归模型	刘等（Liu et al.，2017）
	ARAS - F 模型	荆等（Jing et al.，2021）
融合机理分析	中介效应模型	薛纯和杨瑾（2017）
	演化博弈模型	张宏娟等（2016）；孟凡生等（2019）
	多元回归	托特里拉等（Tortorella et al.，2020）；杜传忠等（2015）
	定性分析	任保平和豆渊博（2021）；曾繁华等（2016）；郭伟锋等（2012）；张伯旭和李辉（2017）
	案例分析	林琳和吕文栋（2019）；佩里科等（Perico et al.，2019）；威廉和王（William and Wang，2020）；王等（Wang et al.，2020）

研究类别	研究方法	代表性学者
融合路径分析	定性分析	罗序斌（2019）；吴小锋等（2018）；张伯旭和李辉（2017）；杜朝晖（2017）；苏向坤（2017）；余东华和水冰（2017）；普林兹等（Prinz et al.，2018）
	微笑曲线	杨鹏等（2020）；卞亚斌等（2019）；冯晓莉等（2018）；孙德升等（2017）
	案例分析	朱国军等（2020）；吕文晶等（2019）；哈里斯等（Harris et al.，2019）；陈等（Cheng et al.，2020）；格鲍尔等（Gebauer et al.，2020）；郭等（Guo et al.，2020）；克拉里萨等（Clarissa et al.，2019）

资料来源：笔者通过文献整理而得。

3. 融合路径

精益数字化与传统制造业融合发展是在产品设计、制造过程和生产管理等制造生命周期的各个阶段，以数据的生成、加工、传输、使用、修改和储存为基础，以数据源管理为纽带，用数字量取代模拟量，用数字技术取代传统技术，用精益数字化制造方式取代传统制造方式。该技术是新工业革命的核心技术。一方面，它是实现机械产品创新的共性技术，使机械产品向"数控一代"和"智能一代"发展，从根本上提高产品功能、性能和市场竞争力；另一方面，它也是制造技术创新的共性技术，使制造业向数字化智能化集成制造发展，全面提升产品设计、制造和管理水平，延伸发展制造服务业，深刻地改革制造业的生产模式和产业形态（周济，2012）。在生产方式方面，推动制造业大规模个性化定制，促使制造精益化、数字化、智能化发展（Jing et al.，2022）；在商业模式方面，主张设计一个循环的商业模式，提高商业模式的循环度（Leena et al.，2020）；在价值链方面，优化制造业价值链结构、提升运行效率以及促进各环节融合发展，培养转型质量和深度（何文彬，2020）；在管理方式方面，更新传统制造企业管理理念，完善制造企业信息化管理系统，形成制造企业扁平化管理组织（杜传忠等，2016）。

4. 融合实践

现阶段，学术界关于精益数字化与传统制造业融合发展的研究，以探索性应用研究为主，如金属增材制造（additive manufacturing，AM）（Frazier and William，2014；Safaee et al.，2020)、直接数字制造（direct digital man-ufacturing，DDM）（Al – Ahmari and Abdulrahman，2017)、通过区块链技术构建安全且相互连接的制造基础设施（Mandolla et al.，2019)、精益供应链（Haddud and Khare，2020）等（详见表 1 – 8)。实业界进行精益数字化发展的流行方式是敏捷开发[①]，如 Scrum 开发模型和精益软件开发（Barton et al.，2018)，它可以有效提高交付速度/上市时间、提高应对需求变化的能力、提高团队生产力和士气，现已被公认为是企业提高外部变化预测能力、解决客户需求的必要策略（Hess et al.，2016；Lu and Ramamurthy，2011；Wang et al.，2017)。

表 1 – 8 　　　　　　　　精益数字化与传统制造业融合实践

融合实践	内容	代表性学者
增材制造（AM）	AM 俗称 3D 打印技术，是以数字模型为基础，将信息网络技术与先进材料技术以及数字制造技术结合，通过将材料逐层堆积制造出实体物品的新兴制造技术	卢秉恒等，2013；杜传忠等，2016；本科莫等（Bencomo et al.，2018)；沙法伊等（Safaee et al.，2020)
直接数字制造（DDM）	DDM 是产品建模和制造技术的结合，可以直接将数字模型转换为物理对象，无须使用工具，是一种新兴的先进制造技术，受益于现代多核处理器的强大计算能力（Marzolla，2020)，有助于增量产品改进和动态供应链重新配置（Holmström，2017)，是工业 4.0 愿景的重要操作实践（Tetik，2019)。卡亚维（Khajavi，2015）验证了将 DDM 应用于新产品生命周期中的经济可行性和优势	霍姆斯特罗姆等（Holmström et al.，2017)；泰蒂克等（Tetik et al.，2019)；哈贾维等（Khajavi et al.，2015)
精益供应链体系	通过"数字化"手段构建精益供应链体系，实现体系内部关联要素之间和关联体系之间的高效协同，确保制造业企业对市场需求快速反应，消除供应链体系中各环节的浪费，支撑企业的竞争力提升	哈杜德和卡尔（Haddud and Khare，2020)；杨成延（2019)；弗罗托尼等（Frontoni et al.，2019)
精益数字工厂	以精益生产为载体，以"两化融合"为抓手，从产品设计、工艺设计、生产制造、经营管控等方面打造基于精益的"数字工厂"实践	孙伟峰（2019)；达努特—索林等（Dănuţ – Sorin et al.，2020)
精益数字工地	将精益管理理念融入数字工地建设，是实现精准化、精细化管理建筑工程项目的重要途径	何等（He et al.，2021)；涂文通（2019)

---

① 敏捷开发：以用户的需求进化为核心，采用迭代、循序渐进的方法进行软件开发。

融合实践	内容	代表性学者
精益制造执行系统（Lean – MES）	将精益工具和技术与 MES 相结合，帮助企业实现生产计划管理、生产过程控制、产品质量管理、车间库存管理、项目看板管理等，准确识别和消除浪费	伯托里尼等（Bortolini et al. ，2020）；佩里特等（Perico et al. ，2019）；阿波哈萨尼等（Abolhassani et al. ，2016）

资料来源：笔者通过文献整理而得。

注：MES：Manufacturing Execution System。

综上所述，已有相关文献分析了影响智能制造的主要因素以及传统制造业数字化、智能化发展方式及精益生产在传统制造业中的应用问题，在研究方法中国外学者多以案例分析和模型仿真为主，国内学者的研究更多集中于现象描述，以描述性和规范性分析为主。这些研究打开了进一步探究驱动智能制造实现的"精益数字化"与传统制造业之间的融合方式、影响二者融合的因素及其机理的思路，为本书研究的顺利开展提供了理论框架。

三、研究动态述评

（一）国内外学者已取得的成果

从国内外学者已有成果来看，已有研究在"智能制造""精益化""数字化"与制造业发展相关领域进行了较为深入的探讨：一是明确了什么是智能制造、影响智能制造的各方面因素、智能制造的主要模式和相关的技术范式，指出了智能制造是中国传统制造业企业发展的方向；二是辨析了智能化、数字化与精益化的内涵与关系，明晰了在智能制造背景下，传统制造业迫切需要做到精益化、数字化与智能化的统一，其中精益化是理论指导、数字化是实现手段，只有精益化没有数字化，则理论无法落地，只有数字化没有精益化，则徒劳无功，智能化背景下精益化与数字化之间不存在任何矛盾；三是验证了"精益为基、数字驱动、智能引领"这一理论的科学性和前沿性；四是国外学者多以案例分析和模型仿真为主、国内学者多以描述性和规范性分析为主，分析了影响智能制造的主要因素以及传统制造业数字化、智能化发展方式及精益生产在传统制造业中的应用问题。已有研究成果为本书研究解决智能制造对传统制造业发展提出的迫切需求问题提供了重要的依据。

（二）前期相关研究文献的主要局限性

已有相关研究取得了丰富成果，为本书研究的开展奠定了良好的理论和方法基础。但关于精益数字化的研究相对薄弱，由于关注时间较短，未给出智能制造背景下精益数字化的具体特征与表现，还未形成系统的理论分析框架和完整的科学研究体系。具体来看，现有研究还存在以下不足，有待未来研究的进一步深入。

第一，现有文献尚未对精益数字化的内涵与范畴进行系统梳理，不利于精益数字化在传统制造业企业及其类似企业中的推广与应用。已有研究分别探讨了智能制造、数字化、精益化的内涵，简单分析了精益化与数字化之间的类比关系，但从系统性视角将精益化与数字化结合，提出精益数字化，并对精益数字化的内涵与范畴进行探究较为少见，更未明确这一内涵，导致精益数字化在传统制造业企业及其类似企业中的推广与应用缺乏基础。

第二，现有文献尚未明确影响精益数字化推行的内外部因素，不利于打开精益数字化在传统制造业企业中成功推行的"黑箱"，提高企业界的认可度。已有文献研究了影响智能制造、精益化与数字化的主要因素，但鲜见探究智能制造背景下传统制造业企业推行精益数字化的内外部影响因素，导致精益数字化在传统制造型企业中的推行实践缺乏科学的理论指导体系，从而得不到企业界的高度认可。

第三，现有文献尚未诠释精益数字化的推行机理、推行体系、推行路径、推行水平等，不足以指导中国传统制造业企业基于精益数字化的转型升级实践。已有学术成果主要集中在传统制造业数字化、智能化发展方式及精益生产在传统制造业中的应用问题，忽视了智能制造时代对传统制造业和精益生产提出的新的迫切需求，精益生产已不能有效解决传统制造业数字化转型过程中面临的现实问题，不能从理论视角诠释精益数字化在传统制造业中的推行机理、推行体系、推行路径、推行水平等，导致对传统制造业向智能制造转型升级的路径和方法不明确，不足以科学指导实践，更不足以将其升华构建普适性理论，指导学术界、咨询界和企业界互动帮助企业进行基于精益数字化的转型升级实践。

第四，现有文献尚未提出适配传统制造业企业的精益数字化推行监管与激励策略，不利于传统制造业企业设计科学的精益数字化监督策略与激励机制，进而提出改进措施。已有相关研究中，国外学者以案例分析和模型仿真为主，国内学者的研究更多集中于现象描述，以描述性和规范性分析为主，缺乏微观机制和内部动力等视角的深度分析，更缺乏一套激励模型，科学匹配最佳的监管—激励组合条件，不足以达到"以监促管"的目的，不足以为传统制造业企业的高层领导者提升企业内部凝聚力、激发企业内部活力提供决策依据，不利于推动传统制造业实现智能制造。

第五，现有文献并未考虑产权性质异质性对精益数字化推行的影响。实际上，企业产权性质异质意味着其内部机制、资源要素组合与配置、资源禀赋、外部支持等都不同，这些均会对企业精益数字化推行产生直接影响。在区分企业产权性质的基础上为企业匹配最佳的精益数字化推行机理、推行体系、推行路径、推行水平评估模型以及监管激励策略显得尤为重要，可以更好地指导传统制造业企业的精益数字化推行实践。

（三）急需研究的问题

综上所述，理论和现实的双重驱动使如何顺利推行精益数字化成为解决传统制造业向智能制造转型面临问题的重要手段。精益数字化在传统制造业企业中顺利推行也是智能制造背景下中国传统制造业迫切需要解决的问题，更是需要学界、业界研究的问题。需要在已有国内外学者相关研究的基础上，有效回应智能制造对传统制造业提出的迫切需求，解决精益数字化顺利推行的问题。当前急需要研究的问题有：第一，产权异质企业的精益数字化推行机理分别是怎么样的？第二，产权性质对企业精益数字化的推行体系有什么影响？不同产权性质企业的精益数字化推行体系分别是怎么样的？第三，不同产权下，影响企业精益数字化推行的内在动因和外在触发具体应如何组合才能发挥最大作用以推动精益数字化成效落地，即产权异质的企业的精益数字化分别应如何推行？第四，对于不同产权性质的企业，当前的精益数字化推行成效怎么样？这是精益数字化推行水平评估问题；第五，产权性质异质对企业监管—激励策略的设计有什么影响？最佳的监管—激励策略是怎么样的？这是产权异质企业的精益数字化推行最优监管—激励策略问题。

基于此，本书将立足需求创新，以现有研究成果为基础，以中国传统制造业企业为对象，致力于弥补智能制造时代精益生产在传统制造业数字化转型领域的研究缺失，立足于产权异质视角，着力梳理精益数字化的内涵与范畴，分析其在不同产权性质下的传统制造型企业中的推行机理、推行体系、推行路径以及推行水平评估，并探究不同产权下的精益数字化推行激励机制，完善精益数字化理论体系，更好地指导学术界、咨询界和企业界"三界"互动，科学回应智能制造对传统制造业提出的迫切需求。本书将在前人研究的基础上进行深入的需求创新，力求对当前研究领域形成有益补充。

第三节　研究目标与内容

一、研究目标

国有和民营性质的传统制造型企业在我国制造业市场上占据重要位置，二者急需转型以增强自身竞争力并抢占国内外市场，精益数字化作为两种传统制造型企业转型的关键手段已得到业界的广泛认可。然而，企业推行精益数字化的进程和效果往往偏离预期，主要原因有两个：动机不足、方式不明。因此，对于国有和民营性质的传统制造型企业，如何才能使精益数字化的推行主体都积极主动地参与到精益数字化项目中？对于不同产权性质的传统制造型企业，最优的精益数字化推行体系是什么？在"点线面体"式的推行体系下，"点线面体"四个阶段分别应如何推行精益数字化？采用有效的精益数字化推行路径方案后，方案的实施情况如何？相较未采用推行前，采用的推行路径方案是否能明显改善企业的精益数字化推行效果不佳的现状？如何激励企业员工与管理者，以在最优激励模式下推行精益数字化？为解决上述问题并帮助国有和民营的传统制造型企业更优地推行精益数字化，本书设定了以下分目标：

第一，明晰国有性质和民营性质的传统制造型企业精益数字化推行主体（企业员工与第三方咨询团队）情绪变化对策略选择的影响机理。

第二，考虑产权性质的同时对企业规模进一步细分，探究不同企业特性下的精益数字化最优推行体系。

第三，分别明确国有性质和民营性质的传统制造型企业"点线面体"四个阶段的精益数字化有效推行路径。

第四，评估国有性质和民营性质的传统制造型企业采用路径方案前后

"点线面体"阶段各个环节以及企业整体的精益数字化推行水平，明确当前路径方案实施情况以及方案给企业精益数字化推行带来的改善效果，并进一步验证路径的合理性。

第五，分析国有性质和民营性质的传统制造型企业中不同激励动态性、不同的监督方式对精益数字化推行者激励机制的影响，获取不同类型的最优激励模型，探讨团队内部监督（即横向监督）和团队外部监督（即纵向监督）结合时的最佳组合条件。

第六，探究精益数字化的嵌入对处在不同发展时期制造业企业组织韧性的影响，探讨精益数字化如何激发企业的生存本能以提高组织韧性能力。

二、研究内容

（一）产权异质下传统制造型企业精益数字化推行机理

精益数字化的主要参与主体为企业所有者、企业员工、第三方咨询团队，企业所有者和企业员工是精益数字化的内部推行人员，仅凭内部人员的知识难以保证精益数字化的顺利推行，往往需要借助外部推行人员的专业知识与力量，即聘请第三方咨询团队。假设企业所有者对项目推行一直持支持与乐观态度，主要考虑企业员工和第三方咨询团队的情绪变动。将企业员工和第三方咨询团队的情绪分为乐观情绪和悲观情绪，引入反映双方情绪变动的情绪函数，并建立反映参与主体行为机理的等级依赖期望效用（RDEU）博弈模型，运用该模型分析两种产权性质的传统制造型企业精益数字化推行主体情绪和策略选择之间的演化机理，并分析不同情绪状态下双方的策略均衡状态。

（二）产权异质下传统制造型企业精益数字化推行体系选择

在梳理精益数字化理论框架与五种推行体系的基础上，通过构建精益数字化推行体系选择模型，对大中小型三种不同规模结构的企业在国有与民营两种不同产权性质中精益数字化推行体系进行探究，本书进一步验证了"精益为基、数字驱动、智能引领"的传统制造业向智能制造转型原则，企业应在深刻剖析其优劣势的同时，建立转型产业架构与管理创新机制，实现转型。

（三）产权异质下传统制造型企业精益数字化推行路径选择

基于"点线面体"式的精益数字化推行体系，分析不同阶段的精益数字化推行路径。首先，总结"点线面体"四个阶段精益化和数字化的特征，在此基础上结合精益数字化的特性总结四个阶段中精益数字化分别应具备的特征，将此特征作为精益数字化高效推行内部影响因素。其次，依据影响因素的重要性应用模糊集加性比评估（ARAS－F）方法对四个阶段内部影响因素进行筛选。再次，考虑外部影响因素，政府扶持对各阶段精益数字化推行的影响，将各阶段筛选得到的内部影响因素和政府扶持作为各阶段精益数字化高效推行的前因变量，同时，理论分析确定各阶段精益数字化推行的结果变量。最后，应用模糊集定性比较分析（fsQCA）方法分别分析两种产权性质的传统制造型企业精益数字化"点线面体"四个阶段精益数字化高效推行的核心条件、边缘条件以及有效路径组态。

（四）产权异质下传统制造型企业精益数字化推行水平评估

为有效评估采用有效路径方案后两种产权性质的传统制造型企业"点线面体"四个阶段以及企业整体的精益数字化推行情况，本书构建了科学的精益数字化推行水平评估模型。首先，以各阶段精益数字化高效推行的前因变量为指标体系构建框架，分别构建各阶段的精益数字化推行水平评估指标体系，结合两种产权性质企业各阶段精益数字化推行路径的侧重点，运用直觉模糊熵分别确定两种产权性质的指标权重；其次，根据模糊集对分析（FSPA）方法构建精益数字化水平评估模型；最后，分别对两种产权性质的传统制造型案例企业采用路径方案前后"点线面体"阶段以及企业整体的精益数字化情况进行评估，对比分析案例企业采用路径方案前后的精益数字化推行水平。一方面，明确企业"点线面体"阶段有效路径方案的实施现状；另一方面，验证各阶段推行路径的有效性以及给精益数字化推行带来的改善效果。

（五）产权异质下传统制造型企业精益数字化推行的过程监督策略

以激励动态性为切入点，分别分析国有与民营两种产权性质传统制造型企业中团队内外部监督对精益数字化推行中管理者激励机制的影响，获取不同类型的最优激励模型，探讨团队内部监督（即横向监督）和团队外部监督（即纵向监督）结合时的最佳组合条件。

（六）产权异质下传统制造型企业精益数字化推行案例分析

将制造业企业视为一个满足耗散结构形成条件的动态系统，探讨精益数字化如何激发企业的生存本能、构建韧性能力，有效应对环境变化、恢复重构并实现可持续发展，最终形成组织韧性的路径。

第四节　研究方法与技术路线

一、研究方法

（一）文献分析法

通过对已有文献进行分析，界定精益数字化的概念，并总结精益化和数字化在"点线面体"四个阶段的特征。

（二）等级依赖期望效用（RDEU）博弈模型

RDEU 理论是对 EU 概率线性关系理论模型的非线性扩展，引入情绪函数描述不确定条件下决策者的情绪状态和情绪程度，可通过函数的数学特点描述情绪的变化。本书考虑精益数字化推行参与主体的情绪，引入反映参与主体情绪变动的情绪函数，根据等级依赖期望效用理论构建精益数字化推行参与主体的 RDEU 博弈模型，分别探究两种产权性质传统制造型企业的博弈双方情绪变动与策略选择间的演化机理。

（三）灰色关联分析与云模型

灰色关联分析是根据因素之间发展趋势的相似或相异程度，亦即"灰色关联度"，作为衡量因素间关联程度的一种方法。云模型是处理定性概念与定量描述的不确定转换模型。本书结合灰色关联分析与云模型构建精益数字化推行体系选择模型，考虑企业产权性质的基础上对企业规模进行细分，设计不同的推行体系并结合企业产权性质与规模比较各个推行体系的优劣程度，从而根据不同产权性质与不同规模结构的企业选取合适的精益数字化推行体系。

（四）模糊集加性比评估（ARAS – F）与模糊集定性比较分析

本书依据影响因素重要性运用模糊集加性比评估（ARAS – F）方法对"点线面体"阶段的内部影响因素进行筛选，得到各阶段的关键内部影响因素，在此基础上，运用模糊集定性比较分析（fsQCA）方法分别分析两种产权性质的传统制造型企业"点线面体"四个阶段精益数字化高效推行的核心条件、边缘条件以及有效路径组态。

（五）直觉模糊熵与模糊集对分析（FSPA）

本书采用直觉模糊熵分别确定两种产权性质的指标权重，再根据 FSPA 方法构建精益数字化推行水平评估模型，在此基础上分别对两种产权性质的传统制造型案例企业采用有效路径方案前后"点线面体"各阶段以及企业整体的精益数字化推行水平进行评估，对比分析采用有效路径方案各阶段以及整体的精益数字化推行情况，以验证推行路径的科学有效性。

（六）动态博弈模型

本书以激励动态性为切入点，运用动态博弈模型分别分析国有与民营两种产权性质传统制造型企业中团队内外部监督对精益数字化推行中管理者激励机制的影响，获取不同类型的最优激励模型，探讨团队内部监督（即横向监督）和团队外部监督（即纵向监督）结合时的最佳组合条件。

（七）多案例研究法

多案例研究法通过对不同案例的研究，验证和挖掘隐藏在复杂现象背后的理论规律，适用于复杂系统的研究。本书采用多案例研究法，通过对处在不同发展时期制造业企业精益数字化过程的比较研究，探索精益数字化提高制造业企业组织韧性的路径。

二、技术路线

本书的技术路线见图 1 –1。

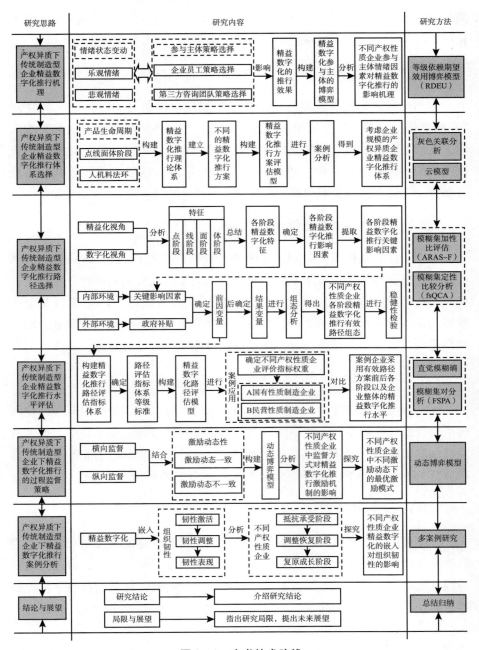

图 1-1　本书技术路线

第五节 创 新 点

本书的创新之处如下：

第一，考虑精益数字化推行过程中非理性因素情绪对精益数字化推行的影响。已有相关研究很少考虑非理性因素，本书引入情绪函数分析情绪因素对第三方咨询团队与企业员工策略选择、策略均衡的动态影响过程，进而明确了不同产权性质企业精益数字化推行主体情绪对精益数字化推行效果的影响机理，能够对现实情况做出更好的解释。

第二，区分产权性质的同时考虑企业的规模结构，研究不同特性企业的精益数字化推行体系。本书梳理提出精益数字化推行体系的理论框架，对大中小型不同规模结构的企业在国有与民营两种产权性质下精益数字化的推行体系进行探究，针对不同的企业特征匹配不同的推行体系，集中于精益数字化在传统制造型企业中的应用问题。

第三，基于精益数字化推行体系，探究产权性质对"点线面体"阶段精益数字化推行方式的影响。以往关于精益数字化的研究主要从企业整体层面出发，本书在以往研究基础上将精益数字化推行过程细化为"点线面体"四个阶段，分别探究了不同产权性质传统制造型企业精益数字化"点线面体"阶段的有效推行路径。

第四，从新的角度出发构建了精益数字化路径评估指标体系。将"点线面体"的精益数字化推行体系作为指标体系构建框架，分别评估了不同产权性质的传统制造型企业采用有效路径方案前后"点线面体"四个阶段的各个环节以及企业整体的精益数字化推行情况。

第五，以激励动态性为切入点，并将横向与纵向监督相结合，分析其对国有与民营两种产权性质传统制造型企业精益数字化推行过程中激励机制的影响。分析团队内外部监督对精益数字化推行中管理者激励机制的影响，获取不同类型的最优激励模型，探讨团队内部监督（即横向监督）和团队外部监督（即纵向监督）结合时的最佳组合条件，得到不同情形下的最优激励机制。

第六，引入耗散结构理论，探索精益数字化转型对于组织韧性培育的作用机制，丰富了韧性方面的研究并拓展了其应用边界。探讨精益数字化如何激发企业的生存本能以提高组织韧性能力，构建组织韧性的路径，有助于在后疫情时代组织韧性的迭代升级，以期打开精益数字化转型作用机制的黑箱，培育并壮大支持精益数字化最终价值获取的业务新模式和新业态。

第二章

相关理论基础

第一节 相关概念界定

一、传统制造型企业

传统制造型企业是以产品制造为核心活动（刘锦英和王文文，2019），采用劳动密集型的生产方式进行操作简单、效率低下生产活动的企业，价值创造与利润获取水平都较低。传统制造型企业在生产方式与管理模式上普遍存在技术相对落后、组织结构臃肿、管理效率低下、管理创新战略执行不够深入等问题（吴瑶和彭华涛，2020）。相较智能制造企业，传统制造型企业未能较好地将智能生态系统与特定的生产制造场景、管理执行场景、用户个性化需求场景相结合（王满四等，2018），形成的竞争优势不明显。

传统制造型企业向智能化转型包括两方面内容。一方面是生产支撑技术及设备的转变。智能化生产要求生产机器、智能产品、服务和系统之间要实现互联互通，企业需通过引入专业模块化技术实现自主采集和分析生产数据（Castellacci et al.，2020；Chiarello，2018；Buer et al.，2018），依赖于网络数据纵向、横向和端到端集成（Schneider，2018），使产品设计、研发、生产、销售在数字/虚拟世界与真实/物理世界之间形成双向交互的动态生态模式（Fatorachian and Kazemi，2018）；另一方面是与外界环境中的客户及其他合作企业生产活动联系的转变。不仅要实现以企业为主导的供给拉动需求到以客户为主的需求拉动供给的模式转变（吴晓波等，2020），还要实现以产品制造为主线，有效整合与相关合作方的合作环节及必要的智造资源，形成社会化的动态合作网络（孟凡生和宋鹏，2021）。

二、精益数字化

精益生产直接延续了丰田生产制造体系的特点，在此基础上逐渐演变为精益管理，而精益管理的优越性也逐步得到证实（Shah and Ward，2007）。同时，越来越多的制造企业引入了精益化管理方式，原因在于企业管理层都认识到精益管理不仅实施起来简单，还可以帮助企业识别并减少非增值环节，实现相关增值环节的价值提升，最终改善企业的经营绩效。近年来，随着工业4.0智能转型战略的提出，各企业纷纷开始在企业内部部署智能部件和机器设备，智能部件和机器被集成到一个互联互通的数字网络中（Kolberg et al.，2017），直接推动了更高水平的大规模定制化流程、产品与服务（Tortorella et al.，2021），实现了更优的财务、生态和社会绩效（Stock et al.，2018）。因此，精益管理和工业4.0都对提高企业绩效具有显著作用，企业也开始着力于整合二者，以获得优于竞争对手的市场竞争优势（Tortorella et al.，2019；Tortorella et al.，2021），此后，精益数字化的顺利推行的可能性也逐渐增大。

精益数字化的概念最初于20世纪90年代提出，但当时它的应用受到企业技术能力的限制（Jackson et al.，2011；Kolberg et al.，2015）。当前，由于数字技术、人工智能的迅猛发展，精益数字化的可操作性逐渐增强，精益数字化也得到广泛应用。精益数字化是将数字化技术纳入精益生产操作实践的改善手段（Tortorella et al.，2020），是精益化与数字化相结合的产物。其中，精益化与数字化是相互依赖的，二者的关系可看作"方法论"与"使用工具"的关系，前者是理论指导，后者是实现手段（荆树伟等，2021）。精益生产需要先进的自动化和信息管理系统支持（滕晓梅，2009），数字化转型也需精益思想与理论的指引，联合推行精益化和数字化的互补或协同效应大于单个推行效益总和（Prinz et al.，2018；Buer et al.，2021）。大量理论研究与实践证明，精益数字化能优化组织生产系统、价值链，正向促进企业运营绩效。与传统精益管理模式相比，精益数字化可通过对员工队伍、物资流、同步作业、柔性生产等方面的改善来实现控制成本、提升效率、固化精益改善等目标，从而为制造型企业带来明显的效益增益。

三、产权异质

产权指企业的所有者与它的员工、客户以及跟自己相联系的债权人等重要关系人之间相互作用所形成的契约，产权以社会制度的形式存在，包括了使用权、处置权、收益权和占有权等多项权利（沈常亮，2017）。产权异质，顾名思义，即为产权的不同。

我国管理类研究通常将企业分为国有和非国有两类（李莹和曲晓辉，2021），非国有类多以民营企业为代表。本书主要关注企业异质的所有制形式，围绕国有企业与民营企业展开分析。国有企业和非国有企业在面对相同的行业竞争时，可能会存在某些不同的决策行为。国有企业作为政府干预社会经济的"政策性"工具，"准政府"性质使其在组织架构、资源优势、社会责任、晋升机制、薪酬制度、市场影响力等方面与民营企业相比存在一定差异（谭雪，2017）。对国有企业来说，由于缺少对资产效益真正关心的"最终委托人"（李兆辰等，2018），存在效率低下和激励不足的弊端（戴锦，2013），从而具有天生的劣势，往往会导致效率低下，甚至亏损。此外，国家政策大趋势与市场需要往往会对国有企业产生"倒逼"效应，而在这个过程中通常会滋生道德风险、机会主义行为（林毅夫等，2004）。同时，国有企业实施统一的薪酬管理制度似乎是政府作为最终控制人的唯一选择，国有企业的文化也历来强调"平均主义"（缪毅和胡奕明，2014），这无形中会使国有企业员工抵触反常态化的工作任务，大大抵减员工的工作积极性。对于民营企业来说，虽然在市场竞争环境中通常处于劣势地位，但积极承担社会责任成为民营企业赢得政府认同、获取政府支持的重要途径之一（李四海等，2015），在市场变革期间，民营企业一般都会"争相"响应政府政策，在获得政府支持的同时在行业内实现弯道超车。

第二节　精益数字化推行体系

精益管理系统存在生产过程不可逆、管理系统不平衡、管理系统内存在随机涨落现象、局部的微小涨落可能会通过系统的放大作用形成巨涨落、管理系统内各要素之间存在着非线性作用关系等特征（张伟和牛占文，2015），为保证精益管理的顺利推行有必要对企业生产运营过程进行细分，明确面向全过程的精益推行体系并指定相应的推行任务、目标。精益推行体系的确定涉及推行参与者、推行任务、推行任务顺序以及推行指导思想四个方面，有些学者关注于推行任务及任务顺序，如鲍威尔等（Powell et al.，2013）提出了精益管理实施的层次化框架，认为精益管理应依次按照理解精益原则、了解客户、策略/计划与沟通、了解系统、合理化产品和精益设计、确定推行基础、明确价值流实现周期、建立精益文化（人员和团队合作）、实现精益供应、实现精益分销、衡量和计算成本、改善和维持、设计精益调度系统、设计单元和线组的顺序框架推行；李芊和刘晓惠（2019）认为精益管理推行应以精益思想指导智慧化管理体系构建为主线，依次立足于精益设计、精益生产、精益运输、精益施工、精益运维五方面蓄力，形成一个持续反馈、循环改善的推行体系。大多数学者更关注于推行指导思想，认为精益推行应基于自上而下、自下而上的精益思想展开。

自上而下、自下而上的思想来源于绩效报告研究，伊特纳和拉克（Ittner and Larker，1995）认为绩效报告系统可以被组织成自下而上和自上而下的报告过程。在典型自上而下的精益管理执行过程中，高级工厂经理对工厂精益实施的程度进行例行审核（例如，每月车间审核实施状态和进度），然后，工厂经理将审核结果整合到绩效报告中，依此逐层落实员工工作任务与预期拟达到的目标。典型自下而上的精益环境管理执行始于车间的日常团队会议，在会议中所有员工都要详细地回顾、汇报工作情况，管理人员根据员工汇报的信息快速识别并解决生产管理问题。此外，自上向下的方法应向自下而上转变，有必要让基层员工参与改善，使他们具备解决问题、消除浪费和日常改进技能的能力，否则，精益推行成效就不太可能持续下去，而精益的最终目标（如将离散型组织转变为一个自我学习的聚合型组织）也不太可能实现（Womack and Jones，1997；Krijnen，2007）。还有学者从系统整体视角出发进一步完善了精益推行体系，这些学者在任务、顺序、指导思想的基础上对推行参与者进行了明确界定，如牛占文等（2015）认为精益管理的推行应以"自上而下与自下而上"相结合的思想为指导，以"点线面体"四个阶段为主线，以"一线员工、基层管理者、中层管理者和高层管理者"作为推行驱动者，依次改善生产现场、作业、流程与制度。

第三节 相关理论基础

一、异质性理论

异质性又称差异性或多样性，来源于生物学领域，其含义是指质或种存在复杂化、多样化、非均质的特性，与"同质性"对立。20 世纪 70 年代，这个概念开始引入社会学领域。社会学家布劳（Blau，1977）根据类别参数和等级参数将社会分化分为异质性与不平等性两种形式，其中，异质性是一种水平分化形式，群体规模以及群体间的社会流动决定群体的异质性水平。随后，布劳等（Blau et al.，1982）又指出异质性可通过两个随机选择的个体属于不同群体的机会期望来界定。瓦赫特和弗里德曼（Wachter and Freedman，2000）将异质性概念量化，异质性被描述为：对于整体区域内部的所有特定变量，任意一个变量值与整个区域变量的均值均有所差异，异质性就表现为与均值的偏差。此后，随着研究的不断深入，该概念又被引入管理学领域。

管理学领域的异质性主要建立在新古典经济学的企业"同质性"假设基础之上。新古典经济学对企业的看法趋于同质化，该学派将企业视为生产函数，从投入和产出入手把企业的生产活动简化为从投入要素到产出产品的简单过程，忽视了企业内部的运作。潘罗斯和潘罗斯（Penrose and Penrose，2009）对企业的"同质化"提出了反对意见，认为企业所获取的资源在经过企业内部运作之后和企业自身优势相融合，会产出具有特殊性的产品，因此企业之间存在异质性。企业异质性具体表现为企业在所有制形式、规模、成立时间、产品性质等方面存在差异（Huang et al.，2022），在有限理性假设条件下，异质的企业拥有的资源是不同的，资源的差异决定了企业的盈利模式、资源优势、资本结构和发展战略等的差异，这些差异均会直接影响企业的未来发展潜力（Ding，2020）。作为企业异质性理论基础的企业资源理论，该理论学派的代表学者们也认为企业的竞争优势源于企业所拥有的异质性资源（Ferreira et al.，2022），异质性资源是企业在成长中所积累的独特与有价值的资源（党兴华等，2010），资源的差别导致了企业竞争优势以及维系竞争优势时间长短的差异（曹红军等，2011）。

二、组态理论

组态理论来源于社会科学领域的类型方法论，此研究方法论最具有代表性的学者是著名社会学家韦伯（Max Weber），他认为社会科学对象复杂多变又具有个别性的特点，提出了社会科学理想化方法论的基础——理想类型方法，该方法指出理想类型的形成不仅依赖于绝对的共同现象，还依赖于具体的个体现象（Frericks，2021）。韦伯同意李凯尔特（Heinrich Rickert）将历史作为个体来看待的观点，认为每一个历史事件和历史人物都具有其独特性，因此，不能用因果决定论来解释，只能用客观可能性来说明（程敬华，2016）。此后，韦伯的理想类型方法的规则、理论预设、因果妥当性与意义上的妥当性等受到了学者们的质疑，该方法不断完善，逐渐演化为组态理论。

在管理学领域，战略管理研究最早引入组态思想，管理研究也经历了"普适—权变—组态"的演变过程，管理研究的核心逻辑已由单纯线性逻辑历经权变逻辑向现有全局逻辑转变，目的是从多个维度、多个变量的角度解决复杂的问题（龚丽敏等，2014）。然而，传统线性回归方法适用于分析大样本数据，基于自变量相互独立的理念关注单个变量对结果的影响，常用于评估特定变量对结果的净效应。传统线性回归方法存在很明显的局限性，如变量间存在强烈的多重共线性（朱钰等，2020），这可能会造成自变量的错误估计（某个自变量的作用很小但是它处于相对较好的模型中，回归分析就可能得出该自变量对因变量存在显著影响的结论）（Miller，1986）。组态理论弥补了此局限性，认为任何对象都可视为一个复杂的系统，从整体考察导致结果的多个并发要素，而非单一要素对结果的净效应（Ragin，2000；Chen and Tian，2022），该理论关注变量间的依赖关系以及变量与结果的多重并发因果关系，因其更符合现实情况而备受学者们的关注。

定性比较分析方法（qualitative comparative analysis，QCA）就是运用组态思想的一种研究方法。20 世纪 80 年代，方法论专家查尔斯（Charles）率先提出了 QCA 方法，该方法基于因果非对称假设，即期望结果的出现与不出现的原因是不同的，能够更好地解释案例间的差异性和条件间相互依赖的组态效应（Charles and Ragin，1987），弥补了以往研究因果对称的不足（杜运周，2017；刘西明等，2020）。QCA 方法以布尔代数与布尔最小化算法为基础，将定性概念与定量分析技术结合在一起，以逻辑和整体的方式简化复杂的数据结构，配置具有协同性质的特定因果变量的组别，每个组别都是从因果条件到期望结果的一条可能路径，并表示相同的最终因果关系，即不同的因果组合导致相同的期望结果（但适用于不同的情况）（Mendel and Korjani，2018；Torres and Augusto，2021）。QCA 的操作方法主要有三种：清晰集 QCA（csQCA）、多值集 QCA（mvQCA）与模糊集 QCA（fsQCA）（Pappas and Woodside，2021）。其中，csQCA 是一个用来处理复杂二进制数据集的工具，mvQCA 将变量视为多值而不是二分（Cronqvist，2013），保留了综合数据集和多数案例，可以解释大量的案例与结果。fsQCA 是 csQCA 与 mvQCA 基础上的拓展，解决了 csQCA 的一个重要限制，即变量是二元的这一事实，通过将模糊集和模糊逻辑原理与 QCA 原理相结合扩展了 csQCA 与 mvQCA（Rihoux and Ragin，2008），它提供了一种更现实的方法，因为变量可以得到 0～1 范围内的所有值，实用性更为广泛，解释力也更强。

本 章 小 结

　　本章从以下几个方面对本书的相关概念、体系与理论进行了概述：首先，对传统制造型企业与精益数字化的概念进行了界定；其次，对精益数字化推行体系进行了描述；最后，介绍了异质性理论与组态理论，为后续的研究奠定理论基础。

第三章

产权异质下传统制造型企业
精益数字化推行机理

精益数字化的推行会受推行主体非理性因素即情绪的影响，推行主体的主观情绪在很大程度上决定了推行主体的策略选择。在精益数字化推行过程中，也常出现因推行主体"动机不足"而导致推行速度和效果均不佳的问题，因此，明确情绪影响下精益数字化推行主体的策略选择机理是精益数字化得以顺利推行的前提保证。本章针对精益数字化推行中第三方咨询团队和企业员工情绪变动影响策略选择，进而影响推行效果的问题，引入等级依赖期望效用模型，分别讨论了国有性质与民营性质的传统制造型企业推行主体情绪和策略选择之间的演化机理。

第一节　产权异质下传统制造型企业精益
数字化推行博弈模型的构建

一、基本要素

第一，精益数字化推行过程中第三方咨询团队（T）和企业员工（E）为主要参与者。第三方咨询团队根据企业实际情况制定改善方案并提供专项培训服务，指导企业员工进行精益实践；而企业员工负责落实咨询团队制定的改善方案，在明确当前工作计划和指令的前提下配合咨询团队逐步推行精益数字化。

第二，第三方咨询团队的策略集 S_T 包括"高效推行" H 和"低效推行" L 两种策略，记为 $S_T = \{H, L\}$；企业员工的策略集 S_E 包括"积极参与"策略 P 和"消极参与"策略 N，记为 $S_E = \{P, N\}$；S 表示第三方咨询团队和企业员工的策略均衡集。其中，"高效推行"和"积极参与"是合作性策略，而"低效推行"和"消极参与"是对抗性策略。

第三，情绪是影响精益数字化推行主体策略选择的重要因素，考虑到情绪对推行主体策略选择的影响，在博弈结构中引入反映参与者情绪状态的情绪函数 $w(\cdot)$。进一步地，第三方咨询团队的情绪函数为 $w_T(p_i) = p_i^{r_1}$，企业员工的情绪函数为 $w_E(q_i) = q_i^{r_2}$。其中 p_i，$q_i \in [0, 1]$，分别为第三方咨询团队和企业员工选择相应策略的概率；r_1，$r_2 > 0$，分别为第三方咨询团队和企业员工的情绪指数，当 $0 < r_i < 1$ 时，认为参与者具有"悲观"情绪，当 $r_i > 1$ 时，认为参与者具有"乐观"情绪，当 $r_i = 1$ 时，认为参与者不具有任何情绪，呈完全理性状态。

二、基本假设

为分析精益数字化推行主体受情绪因素影响的策略演化机理，本章做出如下假设：

假设 1：第三方咨询团队与企业员工均以自身利益最大化为目的，在双方不具备完全信息的情况下，第三方咨询团队在精益数字化推行过程中选择高效推行、低效推行策略，企业员工根据当前推行态势选择积极参与、消极参与策略。

假设 2：已有精益模式与企业的经营现状相匹配，企业已将精益生产管理切实落地并配备完整的动力支持系统，且第三方咨询团队具备成熟的精益知识体系，员工也了解项目推行方向与计划，项目不会因为此类客观因素的阻碍而流产。

假设 3：第三方咨询团队的混合策略为 (p，1 - p)，即第三方咨询团队以概率 p 选择"低效推行"，以概率 1 - p 选择"高效推行"；企业员工的混合策略为 (q，1 - q)，即企业员工以概率 q 选择"消极参与"，以概率 1 - q 选择"积极参与"。

三、变量设定

本章涉及的变量及其说明见表 3 - 1。

表 3-1   主要变量及其说明

变量	变量说明
V_1	第三方咨询团队可获得的实际固定项目收益
V_2	第三方咨询团队咨询过程中积累的实践经验、成就感、荣誉感等，该收益为潜在收益
V_3	第三方咨询团队可获得项目浮动收益
C_1	第三方咨询团队付出的成本，包括资金成本、时间成本、机会成本等
C_2	第三方咨询团队因项目流产而承担的损失，如名誉上的损失
V_4	企业员工的基本工资及补贴
V_5	企业员工获得的项目收益浮动工资
V_6	年终企业员工获得的额外奖金
C_3	企业员工因项目推行而承担的利益损失，如由于岗位调整造成的利益损失
C_4	企业员工因项目流产而承担的利益损失，如降职降薪
β	一方选择合作性策略、另一方选择对抗性策略时双方浮动收益的减少比例
ΔC_T	员工积极参与，咨询团队低效推行，咨询团队因"搭便车"行为而少付出的成本
ΔC_E	咨询团队高效推行，员工消极参与，企业员工因"搭便车"行为而少付出的成本

四、博弈模型构建

国有企业的员工薪酬水平一般要高于社会平均水平，且相对于民营企业，国有企业的员工薪酬也要高于民营企业。在国有企业的员工薪酬结构中，年终奖金占比较高，金额也往往比民营企业的年终奖金高出很多，往往被员工视为收入的必须部分。年底，企业会根据一年来部门及员工个人的精益数字化推行效果和表现进行奖励的发放，本章假设民营企业员工获得的年终奖金额是国有企业员工的 $k(0<k<1)$ 倍。

（一）国有性质传统制造型企业博弈模型构建

根据上述假设和变量设定，对于国有性质的传统制造型企业来说，第三方咨询团队与企业员工的博弈收益矩阵如表 3-2 所示。

表 3 - 2　　　国有企业第三方咨询团队与企业员工博弈的收益矩阵

第三方咨询团队 T	企业员工 E	
	消极参与 P	积极参与 N
低效推行 L	$V_1 + V_2 - C_1 - C_2$, $V_4 - C_3 - C_4$	$V_1 + V_2 + (1 - \beta) V_3 - C_1 + \Delta C_T$, $V_4 + (1 - \beta)(V_5 + V_6) - C_3 - \Delta C_E$
高效推行 H	$V_1 + V_2 + (1 - \beta) V_3 - C_1 - \Delta C_T$, $V_4 + (1 - \beta)(V_5 + V_6) - C_3 + \Delta C_E$	$V_1 + V_2 + V_3 - C_1$, $V_4 + V_5 + V_6 - C_3$

根据实际情况，一般成本的变动值会高于收益的变动值，依此，双方的策略收益 u_T、u_E 存在以下关系：

对于第三方咨询团队来说，$u_T(L, N) > u_T(H, N) > u_T(H, P) > u_T(L, P)$，即：

$$V_1 + V_2 + (1 - \beta) V_3 - C_1 + \Delta C_T > V_1 + V_2 + V_3 - C_1 > V_1 + V_2 + (1 - \beta) V_3 - C_1 - \Delta C_T > V_1 + V_2 - C_1 - C_2。$$

对于企业员工来说，$u_E(H, P) > u_E(H, N) > u_E(L, N) > u_E(L, P)$，即：

$$V_4 + (1 - \beta)(V_5 + V_6) - C_3 - \Delta C_E > V_4 + V_5 + V_6 - C_3 > V_4 + (1 - \beta)(V_5 + V_6) - C_3 - \Delta C_E > V_4 - C_3 - C_4。$$

在 RDEU 模型中，决策者的 RDEU 期望效用 U 可以由收益函数 $u(\cdot)$ 和决策权重 $\pi(\cdot)$ 表示。其中，对于第三方咨询团队，决策权重 $\pi(x_i) = w_T(p_i + 1 - \tau_i) - w_T(1 - \tau_i)$；对于企业员工，决策权重 $\pi(y_i) = w_E(q_i + 1 - \tau_i) - w_E(1 - \tau_i)$。对于随机变量 X，Y，存在 $X > Y \Leftrightarrow U(X; u; \pi) > U(Y; u; \pi)$。根据 RDEU 理论假设条件以及对决策权重的定义，可以得到国有企业的第三方咨询团队和企业员工双方的策略收益、策略概率、秩位与决策权重，如表 3 - 3 和表 3 - 4 所示。

表 3 - 3　　　第三方咨询团队收益值对应的概率分布、秩及决策权重

第三方咨询团队的收益 $u(x_i)$	概率 p_i	秩 τ_i	决策权重 $\pi(x_i)$
$V_1 + V_2 + (1 - \beta) V_3 - C_1 + \Delta C_T$	$p(1 - q)$	1	$w_T(p - pq)$
$V_1 + V_2 + V_3 - C_1$	$(1 - p)(1 - q)$	$1 - p + pq$	$w_T(1 - q) - w_T(p - pq)$
$V_1 + V_2 + (1 - \beta) V_3 - C_1 - \Delta C_T$	$(1 - p)q$	q	$w_T(1 - pq) - w_T(1 - q)$
$V_1 + V_2 - C_1 - C_2$	pq	pq	$1 - w_T(1 - pq)$

表 3 – 4　　　　　　企业员工收益值对应的概率分布、秩及决策权重

企业员工的收益 $u(y_i)$	概率 q_i	秩 τ_i	决策权重 $\pi(y_i)$
$V_4 + (1-\beta)(V_5 + V_6) - C_3 + \Delta C_E$	$(1-p)q$	1	$w_E(q-pq)$
$V_4 + V_5 + V_6 - C_3$	$(1-p)(1-q)$	$1-q+pq$	$w_E(1-p) - w_E(q-pq)$
$V_4 + (1-\beta)(V_5 + V_6) - C_3 - \Delta C_E$	$(1-q)p$	p	$w_E(1-pq) - w_E(1-p)$
$V_4 - C_3 - C_4$	pq	pq	$1 - w_E(1-pq)$

因此，国有企业第三方咨询团队的 RDEU 期望效用函数为：

$$U_T = [V_1 + V_2 + (1-\beta)V_3 - C_1 + \Delta C_T]w_T(p-pq) + (V_1 + V_2$$
$$+ V_3 - C_1)[w_T(1-q) - w_T(p-pq)] + [V_1 + V_2 + (1-\beta)V_3$$
$$- C_1 - \Delta C_T][w_T(1-pq) - w_T(1-q)] + (V_1 + V_2 - C_1$$
$$- C_2)[1 - w_T(1-pq)] = (\Delta C_T - \beta V_3)(p-pq)^{r_1} + (\Delta C_T$$
$$+ \beta V_3)(1-q)^{r_1} + (V_3 + C_2 - \beta V_3 - \Delta C_T)(1-pq)^{r_1}$$
$$+ (V_1 + V_2 - C_1 - C_2) \tag{3.1}$$

同理，可得国有企业员工的 RDEU 期望效用函数为：

$$U_E = [V_4 + (1-\beta)(V_5 + V_6) - C_3 + \Delta C_E]w_E(q-pq) + (V_4 + V_5 + V_6$$
$$- C_3)[w_E(1-p) - w_E(q-pq)] + [V_4 + (1-\beta)(V_5 + V_6)$$
$$- C_3 - \Delta C_E][w_E(1-pq) - w_E(1-p)] + (V_4 - C_3$$
$$- C_4)[1 - w_E(1-pq)] = [\Delta C_E - \beta(V_5 + V_6)](q-pq)^{r_2}$$
$$+ [\Delta C_E + \beta(V_5 + V_6)](1-p)^{r_2} + [(1-\beta)(V_5 + V_6)$$
$$+ C_4 - \Delta C_E](1-pq)^{r_2} + (V_4 - C_3 - C_4) \tag{3.2}$$

（二）民营性质传统制造型企业博弈模型构建

根据上述假设和变量设定，对于民营性质的传统制造型企业来说，第三方咨询团队与企业员工的博弈收益矩阵如表 3 – 5 所示。

表 3 – 5　　　　民营企业第三方咨询团队与企业员工博弈的收益矩阵

第三方咨询团队 T	企业员工 E	
	消极参与 P	积极参与 N
低效推行 L	$V_1 + V_2 - C_1 - C_2,$ $V_4 - C_3 - C_4$	$V_1 + V_2 + (1-\beta)V_3 - C_1 + \Delta C_T,$ $V_4 + (1-\beta)(V_5 + kV_6) - C_3 - \Delta C_E$

第三方咨询 团队 T	企业员工 E	
	消极参与 P	积极参与 N
高效推行 H	$V_1 + V_2 + (1-\beta)V_3 - C_1 - \Delta C_T$, $V_4 + (1-\beta)(V_5 + kV_6) - C_3 + \Delta C_E$	$V_1 + V_2 + V_3 - C_1$, $V_4 + V_5 + kV_6 - C_3$

民营企业第三方咨询团队的 RDEU 期望效用函数同国有企业，$U_T' = U_T$。同理，得到民营企业员工的 RDEU 期望效用函数为 U_E'：

$$
\begin{aligned}
U_E' &= \left[V_4 + (1-\beta)(V_5 + kV_6) - C_3 + \Delta C_E \right] w_E(q-pq) + (V_4 + V_5 \\
&\quad + kV_6 - C_3)\left[w_E(1-p) - w_E(q-pq) \right] + \left[V_4 + (1-\beta)(V_5 \right. \\
&\quad \left. + kV_6) - C_3 - \Delta C_E \right]\left[w_E(1-pq) - w_E(1-p) \right] + (V_4 - C_3 \\
&\quad - C_4)\left[1 - w_E(1-pq) \right] = \left[\Delta C_E - \beta(V_5 + kV_6) \right](q-pq)^{r_2} \\
&\quad + \left[\Delta C_E + \beta(V_5 + kV_6) \right](1-p)^{r_2} + \left[(1-\beta)(V_5 + kV_6) \right. \\
&\quad \left. + C_4 - \Delta C_E \right](1-pq)^{r_2} + (V_4 - C_3 - C_4)
\end{aligned}
\tag{3.3}
$$

第二节 均 衡 分 析

一、国有性质传统制造型企业博弈均衡分析

按照纳什均衡求解的基本方法，当博弈双方都采用混合策略，即 p，$q \in (0, 1)$ 时，博弈双方对应的 RDEU 期望效用函数式（3.1）和式（3.2），分别对 p 和 q 求偏导，得到：

$$
\begin{aligned}
\frac{\partial U_T(p,\ q;\ w)}{\partial p} &= r_1(\Delta C_T - \beta V_3)(1-q)(p-pq)^{r_1-1} \\
&\quad - r_1 q(V_3 + C_2 - \beta V_3 - \Delta C_T)(1-pq)^{r_1-1}
\end{aligned}
\tag{3.4}
$$

$$
\begin{aligned}
\frac{\partial U_E(p,\ q;\ w)}{\partial q} &= r_2\left[\Delta C_E - \beta(V_5 + V_6) \right](1-p)(q-pq)^{r_2-1} \\
&\quad - r_2 p\left[(1-\beta)(V_5 + V_6) + C_4 - \Delta C_E \right](1-pq)^{r_2-1}
\end{aligned}
\tag{3.5}
$$

令式（3.4）、式（3.5）同时为 0，得到精益数字化推行的 RDEU 博弈模型的纳什均衡满足的条件为：

$$(\Delta C_T - \beta V_3)(1-q)(p-pq)^{r_1-1} - q(V_3 + C_2 - \beta V_3 - \Delta C_T)(1-pq)^{r_1-1} = 0$$
$$(3.6)$$

$$[\Delta C_E - \beta(V_5 + V_6)](1-p)(q-pq)^{r_2-1} - p[(1-\beta)(V_5 + V_6)$$
$$+ C_4 - \Delta C_E](1-pq)^{r_2-1} = 0 \qquad (3.7)$$

可以看出，式（3.6）与式（3.7）是超越方程组，难以求得其解析解，但可以从典型情形进行讨论。在现实中，博弈双方的情绪状态可能不一致，如一方存在情绪而另一方理性，或博弈双方都存在情绪。

情形 1：双方均为理性状态：

双方都为理性状态，即 $r_1 = 1$，$r_2 = 1$。将此代入式（3.6）与式（3.7）中，计算可得：

第三方咨询团队采取低效推行和高效推行的混合策略分别为：

$$(p, 1-p) = \left(\frac{\Delta C_E - \beta(V_5 + V_6)}{V_5 + C_4 - 2\beta(V_5 + V_6)}, \ 1 - \frac{\Delta C_E - \beta(V_5 + V_6)}{V_5 + C_4 - 2\beta(V_5 + V_6)} \right)$$
$$(3.8)$$

企业员工采取消极参与和积极参与的混合策略分别为：

$$(q, 1-q) = \left(\frac{\Delta C_T - \beta V_3}{V_3 + V_2 - 2\beta V_3}, \ 1 - \frac{\Delta C_T - \beta V_3}{V_3 + V_2 - 2\beta V_3} \right) \qquad (3.9)$$

当 $r_1 = 1$，$r_2 = 1$ 时，第三方咨询团队与企业员工的反应函数分别为：

$$p = \begin{cases} 1, & \text{若} \quad q < \dfrac{\Delta C_T - \beta V_3}{V_3 + V_2 - 2\beta V_3} \\[2mm] (0, 1), & \text{若 } q = \dfrac{\Delta C_T - \beta V_3}{V_3 + V_2 - 2\beta V_3} \\[2mm] 0, & \text{若 } q > \dfrac{\Delta C_T - \beta V_3}{V_3 + V_2 - 2\beta V_3} \end{cases} \qquad (3.10)$$

$$q = \begin{cases} 1, & \text{若 } p > \dfrac{\Delta C_E - \beta(V_5 + V_6)}{V_5 + C_4 - 2\beta(V_5 + V_6)} \\[2mm] (0, 1), & \text{若 } p = \dfrac{\Delta C_E - \beta(V_5 + V_6)}{V_5 + C_4 - 2\beta(V_5 + V_6)} \\[2mm] 0, & \text{若 } p < \dfrac{\Delta C_E - \beta(V_5 + V_6)}{V_5 + C_4 - 2\beta(V_5 + V_6)} \end{cases} \qquad (3.11)$$

此时，混合策略的纳什均衡为：

$$(p^*, \ q^*) = \left(\frac{\Delta C_E - \beta(V_5 + V_6)}{V_5 + C_4 - 2\beta(V_5 + V_6)}, \ \frac{\Delta C_T - \beta V_3}{V_3 + V_2 - 2\beta V_3} \right)$$

博弈双方都不带有情绪的特殊情形与传统博弈理论的基本假设相一致。显然，受主客观诸多因素的影响，理性状态下的群体性冲突博弈在实际生活中并不常见。

情形2：一方理性但另一方具有情绪：

现实中，第三方咨询团队拥有充分的信息和知识，甚至具有制定博弈规则的权利，从而能够做出理性的决策，其行为基本符合理性假设的特征，而企业员工相对受到各种资源和规则的限制，策略选择更容易带有情绪化色彩。因此，这里假设第三方咨询团队表现为理性，企业员工带有情绪，假设企业员工有乐观和悲观两种情绪态度。

第一，企业员工对精益数字化项目持乐观态度。即企业员工的情绪指数 $r_2 > 1$，也即情绪函数 $w_2(q)$ 为凸函数，而第三方咨询团队情绪指数 $r_1 = 1$，不存在情绪。若 r_2 趋向于 $+\infty$，即企业员工的乐观情绪由有限理性转向非理性状态。

将式（3.7）化简可得

$$\left(\frac{q - pq}{1 - pq} \right)^{r_2 - 1} = \frac{[(1 - \beta)(V_5 + V_6) + C_4 - \Delta C_E]p}{[\Delta C_E - \beta(V_5 + V_6)](1 - p)}$$

又因为 $q - pq < 1 - pq$，所以 $0 < \dfrac{q - pq}{1 - pq} < 1$，则 $\left(\dfrac{q - pq}{1 - pq} \right)^{r_2 - 1}$ 趋向于0，则 p 趋于0。

因此，企业员工的混合策略为：

$$(q, \ 1 - q) = \left(\frac{\Delta C_T - \beta V_3}{V_3 + C_2 - 2\beta V_3}, \ 1 - \frac{\Delta C_T - \beta V_3}{V_3 + C_2 - 2\beta V_3} \right)$$

$$= \left(\frac{\Delta C_T - \beta V_3}{V_3 + C_2 - 2\beta V_3}, \ \frac{V_3 + C_2 - \beta V_3 - \Delta C_T}{V_3 + C_2 - 2\beta V_3} \right)$$

而第三方咨询团队的混合策略是：$(p, \ 1 - p) = (0, \ 1)$。因此，混合策略纳什均衡为：

$$(p^*, \ q^*) = \left(0, \ \frac{\Delta C_T - \beta V_3}{V_3 + C_2 - 2\beta V_3} \right)$$

可知，当咨询团队处于理性状态、企业员工处于乐观情绪状态时，第三方咨询团队选择"低效推行"策略的概率为 0，企业员工存在一定概率选择"积极参与"策略。

第二，企业员工对精益数字化项目持悲观态度。此时，企业员工的情绪指数 $0 < r_2 < 1$，其情绪函数 $w_2(q)$ 为凹函数，同样，第三方咨询团队情绪指数 $r_1 = 1$，不存在情绪。若 r_2 趋向于 0，即企业员工的情绪逐渐消极，这也是一种非理性情绪状态，$r_2 - 1$ 趋向于 -1。将式（3.6）化简可知 $(p, 1-p) = (0, 1)$，同时将式（3.7）化简可得：

$$\left(\frac{q - pq}{1 - pq}\right)^{r_2 - 1} = \frac{\left[(1 - \beta)(V_5 + V_6) + C_4 - \Delta C_E\right]p}{\left[\Delta C_E - \beta(V_5 + V_6)\right](1 - p)}$$

则企业员工的混合策略为：

$$(q, 1-q) = \left(\frac{\Delta C_T - \beta V_3}{V_3 + C_2 - 2\beta V_3}, \ 1 - \frac{\Delta C_T - \beta V_3}{V_3 + C_2 - 2\beta V_3}\right)$$

$$= \left(\frac{\Delta C_T - \beta V_3}{V_3 + C_2 - 2\beta V_3}, \ \frac{V_3 + C_2 - \beta V_3 - \Delta C_T}{V_3 + C_2 - 2\beta V_3}\right)$$

而第三方咨询团队采取低效推行和高效推行的混合策略为：

$$(p, 1-p) = \left(\frac{(V_3 + C_2 - 2\beta V_3)\left[\Delta C_E - \beta(V_5 + V_6)\right]}{\left[V_5 + C_4 - 2\beta(V_5 + V_6)\right](\Delta C_T - \beta V_3)}, \right.$$

$$\left. 1 - \frac{(V_3 + C_2 - 2\beta V_3)\left[\Delta C_E - \beta(V_5 + V_6)\right]}{\left[V_5 + C_4 - 2\beta(V_5 + V_6)\right](\Delta C_T - \beta V_3)}\right)$$

此时，混合策略纳什均衡为：

$$(p^*, q^*) = \left(\frac{(V_3 + C_2 - 2\beta V_3)\left[\Delta C_E - \beta(V_5 + V_6)\right]}{\left[V_5 + C_4 - 2\beta(V_5 + V_6)\right](\Delta C_T - \beta V_3)}, \ \frac{\Delta C_T - \beta V_3}{V_3 + C_2 - 2\beta V_3}\right)$$

实际中，当双方的策略长时间不一致时，企业员工由于自身利益受到损失，加之受到自身情绪影响，会进行强烈抗争，严重时可能会发生员工辞职现象，而处于优势地位的第三方咨询团队也会根据自身优势采取维护自身利益的措施，极可能形成恶性循环，极大地损害企业的利益。因此，第三方咨询团队与企业员工共同推行精益数字化过程中，双方应及时调整不合理的且与企业整体利益相悖的策略，同时，企业也应完善相关的规章制度对双方的行为进行约束。

情形 3：博弈双方均带有情绪：

在博弈中，博弈各方的决策都会受到情绪的影响。在 $r_1 \neq 1$，$r_2 \neq 1$ 情形之下，第三方咨询团队和企业员工的最优反应函数为：

$$p = \begin{cases} 1, & 若\ q = 0 \\ \left\{ \left[\left(\dfrac{\Delta C_T - \beta V_3}{(1 - \beta) V_3 + C_2 - \Delta C_T} \right) \left(\dfrac{1}{q} - 1 \right) \right]^{\frac{1}{r_1 - 1}} (1 - q) + q \right\}^{-1}, & 若\ q \in (0,\ 1) \\ 0, & 若\ q = 1 \end{cases}$$

$$(3.12)$$

$$q = \begin{cases} 1, & 若\ p = 0 \\ \left\{ \left[\left(\dfrac{\Delta C_E - \beta (V_5 + V_6)}{(1 - \beta)(V_5 + V_6) + C_4 - \Delta C_E} \right) \left(\dfrac{1}{p} - 1 \right) \right]^{\frac{1}{r_2 - 1}} (1 - p) + p \right\}^{-1}, & 若\ p \in (0,\ 1) \\ 0, & 若\ p = 1 \end{cases}$$

$$(3.13)$$

在式（3.12）和式（3.13）中分别将 p、q 看作 r_1 和 r_2 的函数，分别记为 $p(r_1)$ 和 $q(r_2)$。

为分析情绪指数 r_1、r_2 变化对博弈双方策略选择的影响，对 $p(r_1)$ 和 $q(r_2)$ 分别关于 r_1、r_2 求一阶导数，通过分析 $p'(r_1)$ 和 $q'(r_2)$ 的变化来观察函数 $p(r_1)$ 和 $q(r_2)$ 曲线的变化，从而可了解情绪指数 r_1、r_2 的不同状态对 p 和 q 的影响，可得：

$$p'(r_1) = \frac{(1 - q)\left[\left(\dfrac{\Delta C_T - \beta V_3}{(1 - \beta) V_3 + C_2 - \Delta C_T} \right) \left(\dfrac{1}{q} - 1 \right) \right]^{\frac{1}{r_1 - 1}} \ln\left[\left(\dfrac{\Delta C_T - \beta V_3}{(1 - \beta) V_3 + C_2 - \Delta C_T} \right) \left(\dfrac{1}{q} - 1 \right) \right]}{(r_1 - 1)^2 \left\{ q + (1 - q)\left[\left(\dfrac{\Delta C_T - \beta V_3}{(1 - \beta) V_3 + C_2 - \Delta C_T} \right) \left(\dfrac{1}{q} - 1 \right) \right]^{\frac{1}{r_1 - 1}} \right\}^2}$$

$$(3.14)$$

$$q'(r_2) = \frac{(1 - p)\left[\left(\dfrac{\Delta C_E - \beta (V_5 + V_6)}{(1 - \beta)(V_5 + V_6) + C_4 - \Delta C_E} \right) \left(\dfrac{1}{p} - 1 \right) \right]^{\frac{1}{r_2 - 1}} \ln\left[\left(\dfrac{\Delta C_E - \beta (V_5 + V_6)}{(1 - \beta)(V_5 + V_6) + C_4 - \Delta C_E} \right) \left(\dfrac{1}{p} - 1 \right) \right]}{(r_2 - 1)^2 \left\{ p + (1 - p)\left[\left(\dfrac{\Delta C_E - \beta (V_5 + V_6)}{(1 - \beta)(V_5 + V_6) + C_4 - \Delta C_E} \right) \left(\dfrac{1}{p} - 1 \right) \right]^{\frac{1}{r_2 - 1}} \right\}^2}$$

$$(3.15)$$

对于式（3.14），分母显然恒大于0，根据博弈收益矩阵要素大小关系可知 $\dfrac{\Delta C_T - \beta V_3}{(1-\beta)V_3 + C_2 - \Delta C_T} > 0$，则 $p'(r_1)$ 的正负取决于 $\ln\left[\left(\dfrac{\Delta C_T - \beta V_3}{(1-\beta)V_3 + C_2 - \Delta C_T}\right)\left(\dfrac{1}{q} - 1\right)\right]$ 的正负，可转换成 $\left(\dfrac{\Delta C_T - \beta V_3}{(1-\beta)V_3 + C_2 - \Delta C_T}\right)\left(\dfrac{1}{q} - 1\right)$ 是否大于1，即需要判断 q 和 $\dfrac{\Delta C_T - \beta V_3}{(1-2\beta)V_3 + C_2}$ 的大小关系，以下分三种情况讨论：

当 $q = \dfrac{\Delta C_T - \beta V_3}{(1-2\beta)V_3 + C_2}$ 时，在区间（0，1）和（1，+∞）上有 $p'(r_1) = 0$，$p(r_1)$ 不随情绪指数 r_1 的变化而变化。即当企业员工选择"消极参与"策略等于临界值 $\dfrac{\Delta C_T - \beta V_3}{(1-2\beta)V_3 + C_2}$ 时，第三方咨询团队的策略选择不会随其情绪的变化而变化，会参考企业员工的策略确定相应策略。

当 $q < \dfrac{\Delta C_T - \beta V_3}{(1-2\beta)V_3 + C_2}$ 时，在区间（0，1）和（1，+∞）上有 $p'(r_1) > 0$，此时 $p(r_1)$ 是关于 r_1 的单调递增函数。即当企业员工采取"消极参与"策略的概率小于临界值 $\dfrac{\Delta C_T - \beta V_3}{(1-2\beta)V_3 + C_2}$，且越来越小时，咨询团队随着情绪越来越乐观且乐观指数极大时，就一定相信企业员工肯定会积极参与到项目中来，为了减少成本支出使自身利益最大化，咨询团队选择"低效推行"策略的概率 $p(r_1)$ 会极大，这时策略演化结果为对抗合作，即博弈均衡趋向（低效推行，积极参与）；随着乐观情绪指数的降低，第三方咨询团队会逐渐担心项目推行失败或项目收益不佳的问题，可能转而选择"高效推行"策略，此时策略演化结果为完全合作，即博弈均衡趋向于（高效推行，积极参与）。

当 $q > \dfrac{\Delta C_T - \beta V_3}{(1-2\beta)V_3 + C_2}$ 时，在区间（0，1）和（1，+∞）上有 $p'(r_1) < 0$，此时 $p(r_1)$ 是关于 r_1 的单调递减函数。咨询团队在了解到企业员工会选择"消极参与"策略的情况下，若咨询团队处于乐观状态则会选择做出缓和局面的行为，降低选择"低效推行"的概率；若处于悲观状态，且当情绪指数极小时，即极度悲观的情况下，认为企业员工绝对不会积极参与到精益数

字化转型项目中，其选择"低效推行"策略的概率 $p(r_1)$ 会极大，因此双方策略演化结果为完全对抗，即博弈均衡趋向于（低效推行，消极参与）。

同理，对式（3.15）做类似的分析，需要判断 p 和 $\dfrac{\Delta C_E - \beta(V_5 + V_6)}{(1 - 2\beta)(V_5 + V_6) + C_4}$ 的大小关系，得到以下三种情况：

当 $p = \dfrac{\Delta C_E - \beta(V_5 + V_6)}{(1 - 2\beta)(V_5 + V_6) + C_4}$ 时，有 $q'(r_2) = 0$，$q(r_2)$ 在区间（0，1）和（1，$+\infty$）上，不随情绪指数 r_2 的变化而变化。即第三方咨询团队若以固定概率 $p = \dfrac{\Delta C_E - \beta(V_5 + V_6)}{(1 - 2\beta)(V_5 + V_6) + C_4}$ 采取"低效推行"策略时，企业员工会根据此概率选择自身相应的策略。

当 $p < \dfrac{\Delta C_E - \beta(V_5 + V_6)}{(1 - 2\beta)(V_5 + V_6) + C_4}$ 时，$q'(r_2) > 0$，$q(r_2)$ 在区间（0，1）和（1，$+\infty$）上是关于 r_2 的单调递增函数，$q(r_2)$ 随着情绪指数 r_2 的增大而增大。当第三方咨询团队采取"低效推行"的概率小于 $\dfrac{\Delta C_E - \beta(V_5 + V_6)}{(1 - 2\beta)(V_5 + V_6) + C_4}$ 且越来越小时，也即第三方咨询团队选择"高效推行"策略的概率越来越大时，企业员工会受悲观情绪的影响更倾向选择"消极参与"策略，且随悲观程度的减弱，选择"消极参与"策略的概率也会增大；当员工保持乐观情绪时，随着情绪的逐渐乐观且乐观情绪指数极大时，将极度相信咨询团队会积极指导企业精益数字化转型，为了自身付出成本最小化会选择"搭便车"，其选择"消极参与"策略的概率也会随之增大，最后博弈演化结果为对抗合作，即（高效推行，消极参与）。当企业员工的乐观情绪指数减小时，员工担心由于自己的消极行为而受到惩罚，此时员工采取"消极参与"策略的概率会相对减小，换句话说，员工将有可能积极参与到项目推行中，最后博弈均衡趋向于（高效推行，积极参与），为完全合作结果。

当 $p > \dfrac{\Delta C_E - \beta(V_5 + V_6)}{(1 - 2\beta)(V_5 + V_6) + C_4}$ 时，$q'(r_2) < 0$，$q(r_2)$ 在区间（0，1）和（1，$+\infty$）上是关于 r_2 的单调递减函数。$q(r_2)$ 随 r_2 的增大而减小，当第三方咨询团队选择"低效推行"策略的概率大于临界值 $\dfrac{\Delta C_E - \beta(V_5 + V_6)}{(1 - 2\beta)(V_5 + V_6) + C_4}$

且越来越大时，换句话说当第三方咨询团队选择"高效推行"策略的概率越来越小，企业员工会随情绪指数的不断增大，在乐观情绪中选择"消极参与"的概率逐渐减小，可能转而选择"积极参与"策略；企业员工也会随情绪指数的不断下降，在悲观情绪中选择"消极参与"策略的可能性会随悲观程度的加深而逐渐增大。

二、民营性质传统制造型企业博弈均衡分析

按照纳什均衡求解的基本方法，当博弈双方都采用混合策略，即 p，q ∈ (0，1) 时，民营企业第三方咨询团队的 RDEU 期望效用函数同式（3.1），式（3.1）对 p 求偏导的结果同式（3.4），企业员工的 RDEU 期望效用函数式（3.3）对 q 求偏导，得到：

$$\frac{\partial U_E(p, q; w)}{\partial q} = r_2 \left[\Delta C_E - \beta (V_5 + V_6) \right] (1 - p)(q - pq)^{r_2 - 1}$$

$$- r_2 p \left[(1 - \beta)(V_5 + V_6) + C_4 - \Delta C_E \right] (1 - pq)^{r_2 - 1}$$

$$(3.16)$$

令式（3.16）等于 0，得到精益数字化推行的 RDEU 博弈模型的纳什均衡满足的条件为：

$$\left[\Delta C_E - \beta (V_5 + kV_6) \right] (1 - p)(q - pq)^{r_2 - 1} - p \left[(1 - \beta)(V_5 + kV_6) \right.$$

$$\left. + C_4 - \Delta C_E \right] (1 - pq)^{r_2 - 1} = 0$$

$$(3.17)$$

民营性质传统制造型企业博弈均衡分析过程同国有企业。同理，分 3 种情形描述博弈双方的策略演化倾向及均衡状态。

情形 1：双方均为理性状态：

第三方咨询团队采取低效推行和高效推行的混合策略分别为：

$$(p, 1 - p) = \left(\frac{\Delta C_E - \beta (V_5 + kV_6)}{V_5 + C_4 - 2\beta (V_5 + kV_6)}, \ 1 - \frac{\Delta C_E - \beta (V_5 + kV_6)}{V_5 + C_4 - 2\beta (V_5 + kV_6)} \right)$$

$$(3.18)$$

企业员工采取消极参与和积极参与的混合策略同国有企业。

此时，混合策略的纳什均衡为：

$$(p^*, q^*) = \left(\frac{\Delta C_E - \beta (V_5 + kV_6)}{V_5 + C_4 - 2\beta (V_5 + kV_6)}, \ \frac{\Delta C_T - \beta V_3}{V_3 + V_2 - 2\beta V_3} \right)$$

情形 2：一方理性但另一方具有情绪：

第一，企业员工对精益数字化项目持乐观态度。即企业员工的情绪指数 $r_2 > 1$，也即情绪函数 $w_2(q)$ 为凸函数，而第三方咨询团队情绪指数 $r_1 = 1$，不存在情绪。若 r_2 趋向于 $+\infty$，即企业员工的乐观情绪由有限理性转向非理性状态。

将式（3.17）化简可得：

$$\left(\frac{q - pq}{1 - pq}\right)^{r_2 - 1} = \frac{[(1 - \beta)(V_5 + kV_6) + C_4 - \Delta C_E]p}{[\Delta C_E - \beta(V_5 + kV_6)](1 - p)}$$

又因为 $q - pq < 1 - pq$，所以 $0 < \frac{q - pq}{1 - pq} < 1$，则 $\left(\frac{q - pq}{1 - pq}\right)^{r_2 - 1}$ 趋向于 0，则 p 趋于 0。

因此，企业员工的混合策略为：

$$(q, 1 - q) = \left(\frac{\Delta C_T - \beta V_3}{V_3 + C_2 - 2\beta V_3}, \ 1 - \frac{\Delta C_T - \beta V_3}{V_3 + C_2 - 2\beta V_3}\right)$$

$$= \left(\frac{\Delta C_T - \beta V_3}{V_3 + C_2 - 2\beta V_3}, \ \frac{V_3 + C_2 - \beta V_3 - \Delta C_T}{V_3 + C_2 - 2\beta V_3}\right)$$

而第三方咨询团队的混合策略是：$(p, 1 - p) = (0, 1)$。因此，混合策略纳什均衡为：$(p^*, q^*) = \left(0, \frac{\Delta C_T - \beta V_3}{V_3 + C_2 - 2\beta V_3}\right)$。

第二，企业员工对精益数字化项目持悲观态度。此时，企业员工的情绪指数 $0 < r_2 < 1$，其情绪函数 $w_2(q)$ 为凹函数，同样，第三方咨询团队情绪指数 $r_1 = 1$，不存在情绪。若 r_2 趋向于 0，即企业员工的情绪逐渐消极，这也是一种非理性情绪状态，$r_2 - 1$ 趋向于 -1。将式（3.16）化简可知 $(p, 1 - p) = (0, 1)$，同时将式（3.17）化简可得：

$$\left(\frac{q - pq}{1 - pq}\right)^{r_2 - 1} = \frac{[(1 - \beta)(V_5 + kV_6) + C_4 - \Delta C_E]p}{[\Delta C_E - \beta(V_5 + kV_6)](1 - p)}$$

则企业员工的混合策略为：

$$(q, 1 - q) = \left(\frac{\Delta C_T - \beta V_3}{V_3 + C_2 - 2\beta V_3}, \ 1 - \frac{\Delta C_T - \beta V_3}{V_3 + C_2 - 2\beta V_3}\right)$$

$$= \left(\frac{\Delta C_T - \beta V_3}{V_3 + C_2 - 2\beta V_3}, \ \frac{V_3 + C_2 - \beta V_3 - \Delta C_T}{V_3 + C_2 - 2\beta V_3}\right)$$

而第三方咨询团队采取低效推行和高效推行的混合策略为：

$$(p, 1-p) = \left(\frac{(V_3 + C_2 - 2\beta V_3)\left[\Delta C_E - \beta(V_5 + kV_6)\right]}{\left[V_5 + C_4 - 2\beta(V_5 + kV_6)\right](\Delta C_T - \beta V_3)}, \right.$$

$$\left. 1 - \frac{(V_3 + C_2 - 2\beta V_3)\left[\Delta C_E - \beta(V_5 + kV_6)\right]}{\left[V_5 + C_4 - 2\beta(V_5 + kV_6)\right](\Delta C_T - \beta V_3)} \right)$$

此时，混合策略纳什均衡为：

$$(p^*, q^*) = \left(\frac{(V_3 + C_2 - 2\beta V_3)\left[\Delta C_E - \beta(V_5 + kV_6)\right]}{\left[V_5 + C_4 - 2\beta(V_5 + kV_6)\right](\Delta C_T - \beta V_3)}, \frac{\Delta C_T - \beta V_3}{V_3 + C_2 - 2\beta V_3} \right)$$

情形 3：博弈双方均带有情绪：

在博弈中，博弈各方的决策都会受到情绪的影响。在 $r_1 \neq 1$，$r_2 \neq 1$ 情形之下，第三方咨询团队和企业员工的最优反应函数为：

$$p = \begin{cases} 1, & \text{若 } q = 0 \\ \left\{\left[\left(\frac{\Delta C_T - \beta V_3}{(1-\beta)V_3 + C_2 - \Delta C_T}\right)\left(\frac{1}{q} - 1\right)\right]^{\frac{1}{r_1 - 1}}(1-q) + q\right\}^{-1}, & \text{若 } q \in (0, 1) \\ 0, & \text{若 } q = 1 \end{cases}$$

$$(3.19)$$

$$q = \begin{cases} 1, & \text{若 } p = 0 \\ \left\{\left[\left(\frac{\Delta C_E - \beta(V_5 + kV_6)}{(1-\beta)(V_5 + kV_6) + C_4 - \Delta C_E}\right)\left(\frac{1}{p} - 1\right)\right]^{\frac{1}{r_2 - 1}}(1-p) + p\right\}^{-1}, & \text{若 } p \in (0, 1) \\ 0, & \text{若 } p = 1 \end{cases}$$

$$(3.20)$$

在式（3.19）和式（3.20）中，分别将 p 和 q 看作 r_1 和 r_2 的函数，分别记为 $p(r_1)$ 和 $q(r_2)$。为分析情绪指数 r_1、r_2 变化对博弈双方策略选择的影响，对 $p(r_1)$ 和 $q(r_2)$ 分别关于 r_1、r_2 求一阶导数，可得：

$$p'(r_1) = \frac{(1-q)\left[\left(\frac{\Delta C_T - \beta V_3}{(1-\beta)V_3 + C_2 - \Delta C_T}\right)\left(\frac{1}{q} - 1\right)\right]^{\frac{1}{r_1 - 1}} \ln\left[\left(\frac{\Delta C_T - \beta V_3}{(1-\beta)V_3 + C_2 - \Delta C_T}\right)\left(\frac{1}{q} - 1\right)\right]}{(r_1 - 1)^2\left\{q + (1-q)\left[\left(\frac{\Delta C_T - \beta V_3}{(1-\beta)V_3 + C_2 - \Delta C_T}\right)\left(\frac{1}{q} - 1\right)\right]^{\frac{1}{r_1 - 1}}\right\}^2}$$

$$(3.21)$$

$$(1-p)\Big[\Big(\frac{\Delta C_E-\beta(V_5+kV_6)}{(1-\beta)(V_5+kV_6)+C_4-\Delta C_E}\Big)\Big(\frac{1}{p}-1\Big)\Big]^{\frac{1}{r_2-1}}$$

$$q'(r_2)=\cfrac{\ln\Big[\Big(\dfrac{\Delta C_E-\beta(V_5+kV_6)}{(1-\beta)(V_5+kV_6)+C_4-\Delta C_E}\Big)\Big(\dfrac{1}{p}-1\Big)\Big]}{(r_2-1)^2\Big\{p+(1-p)\Big[\Big(\dfrac{\Delta C_E-\beta(V_5+kV_6)}{(1-\beta)(V_5+kV_6)+C_4-\Delta C_E}\Big)\Big(\dfrac{1}{p}-1\Big)\Big]^{\frac{1}{r_2-1}}\Big\}^2}$$

$$(3.22)$$

对于式（3.21）和式（3.22），$p'(r_1)$ 的正负取决于 $\ln\Big[\Big(\dfrac{\Delta C_T-\beta V_3}{(1-\beta)V_3+C_2-\Delta C_T}\Big)\Big(\dfrac{1}{q}-1\Big)\Big]$ 的正负，$q'(r_2)$ 的正负取决于 $\ln\Big[\Big(\dfrac{\Delta C_E-\beta(V_5+kV_6)}{(1-\beta)(V_5+kV_6)+C_4-\Delta C_E}\Big)\Big(\dfrac{1}{p}-1\Big)\Big]$ 的正负，将此分别转换为判断 q 与 $\dfrac{\Delta C_T-\beta V_3}{(1-2\beta)V_3+C_2}$ 的大小关系以及 p 与 $\dfrac{\Delta C_E-\beta(V_5+kV_6)}{(1-2\beta)(V_5+kV_6)+C_4}$ 的大小关系。不同条件下，博弈双方的策略演化倾向以及均衡状态分析同国有企业。

第三节　数值模拟

为了进一步分析第三方咨询团队和企业员工受自身情绪和对方行为倾向影响精益数字化推行策略的演化机理，本章运用 Matlab 2019a 对其精益数字化推进中的第三方咨询团队和员工的策略演化进行数值模拟。本章假设 $\beta=0.5$，同时，假设博弈矩阵中各要素值为：$V_1=8$；$V_2=0.5$；$V_3=4$；$V_4=5$；$V_5=2$；$V_6=0.8$；$C_1=1$；$C_2=2$；$C_3=0.5$；$C_4=1$；$\Delta C_T=2.5$；$\Delta C_E=1.8$。根据上述结论得到第三方咨询团队和企业员工行为策略概率的临界值分别为：

$$p=\frac{\Delta C_E-\beta(V_5+V_6)}{(1-2\beta)(V_5+V_6)+C_4}=0.4$$

$$q=\frac{\Delta C_T-\beta V_3}{(1-2\beta)V_3+C_2}=0.25$$

针对博弈双方均带有情绪的情况，运用 Matlab 2019a 软件仿真情绪指数 r_1、r_2 的变化对双方策略的影响过程。

一、国有性质传统制造型企业博弈数值模拟

第一，第三方咨询团队视角。第三方咨询团队的行为决策概率 p 同时受自身情绪指数 r_1 和企业员工行为决策概率 q 变化的影响时，影响效果如图 3-1 所示。

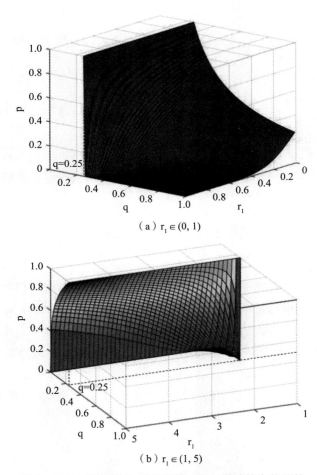

（a）$r_1 \in (0, 1)$

（b）$r_1 \in (1, 5)$

图 3-1　三维视角下 p 同时受 r_1 和 q 影响的变化趋势

由图 3-1（a）可以看出，当第三方咨询团队的情绪指数 $r_1 \in (0, 1)$ 时，即当第三方咨询团队的情绪状态为悲观时，若企业员工选择"消极

参与"的概率 q 小于 0.25，则咨询团队选择"低效推行"的概率 p 随情绪指数 r_1 的增大而增大，且 q 越小，p 的增长幅度越大。反之，当企业员工选择"消极参与"的概率 q 大于 0.25 时，咨询团队选择"低效推行"策略的概率 p 随 r_1 的增大而减小，并且 q 越大，p 减小幅度越大，直至为 0。

由图 3-1（b）可知，当第三方咨询团队的情绪指数 $r_1 \in (1, 5)$ 时，即当第三方咨询团队的情绪状态为乐观时，与 $r_1 \in (0, 1)$ 时情况相似，不同之处在于当企业员工选择"消极参与"的概率 q 大于 0.25 时，咨询团队选择"低效推行"策略的概率 p 随 r_1 的增大而减小，但相对悲观情绪状态，减小幅度较小，即悲伤情绪会对第三方咨询团队产生更大的影响，表现为更快的减小速度。

第二，企业员工视角。企业员工的行为决策概率 q 同时受自身情绪指数 r_2 和咨询团队行为决策概率 p 变化的影响时，影响效果如图 3-2 所示。

由图 3-2（a）可以看出，企业员工具有悲观情绪时，当咨询团队选择"低效推行"的概率 p 小于 0.4 时，员工选择"消极参与"策略的概率 q 随着情绪指数 r_2 的增大而增大；当咨询团队选择"低效推行"的概率 p 大于 0.4 时，企业员工选择"消极参与"策略的概率 q 随 r_2 的增大而减小，直至为 0。

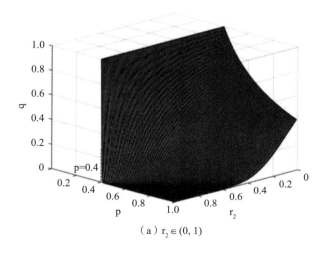

（a）$r_2 \in (0, 1)$

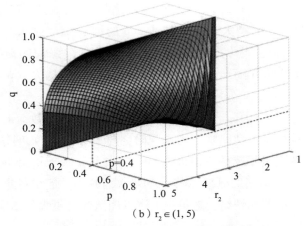

（b）$r_2 \in (1, 5)$

图3 - 2　三维视角下q同时受r_2和p影响的变化趋势

由图3 - 2（b）可以看出，p、q、r_2的变化趋势与图3 - 1（b）大致类似。当$r_2 \in (1，5)$，即企业员工具有乐观情绪时，若咨询团队选择"低效推行"的概率p小于0.4，随着情绪指数r_2的增大，员工越来越相信咨询团队会高效且积极地在企业内推行精益数字化帮助企业实现高质量的转型，员工选择"消极参与"的概率q会越来越大。当咨询团队选择"低效推行"的概率p大于0.4时，q与r_2反方向变化，即员工越乐观其选择"消极参与"的概率越小。

二、民营性质传统制造型企业博弈数值模拟

本章假设k = 0.8，第三方咨询团队和企业员工的行为策略概率的临界值分别为：

$$p = \frac{\Delta C_E - \beta (V_5 + kV_6)}{(1 - 2\beta)(V_5 + kV_6) + C_4} = 0.48$$

$$q = \frac{\Delta C_T - \beta V_3}{(1 - 2\beta) V_3 + C_2} = 0.25$$

针对博弈双方均带有情绪的情况，运用 Matlab 2019a 软件仿真情绪指数r_1、r_2的变化对双方策略的影响过程。

第一，第三方咨询团队视角。第三方咨询团队的行为决策概率 p 同时受自身情绪指数r_1和企业员工行为决策概率 q 变化的影响时，影响效果

同图 3－1。

第二，企业员工视角。企业员工的行为决策概率 q 同时受自身情绪指数 r_2 和咨询团队行为决策概率 p 变化的影响时，影响效果如图 3－3 所示。

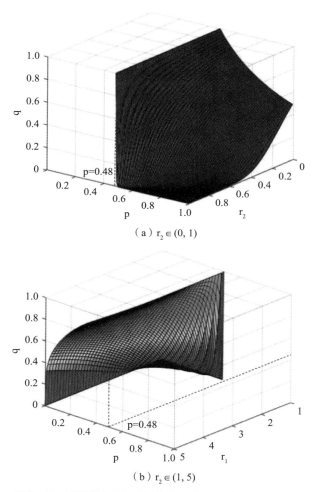

（a）$r_2 \in (0, 1)$

（b）$r_2 \in (1, 5)$

图 3－3　三维视角下 q 同时受 r_2 和 p 影响的变化趋势

从图 3－3 可以看出，民营企业员工的策略演化规律同国有企业员工，但相较于国有企业，民营企业员工对第三方咨询团队策略改变更为敏感，策略改变的"熔点"更低，即在同等情绪状态下，随着 p 的改变，q 的变化速度更快，在图 3 - 3 中表现为曲面更陡峭。

第四节　结果分析

本章运用 RDEU 博弈模型，分别分析了国有和民营性质传统制造型企业的第三方咨询团队与企业员工在情绪影响下的策略演化机理，结果表明：

第一，不论国有性质还是民营性质的传统制造型企业，情绪因素均对博弈双方的策略选择具有显著影响，在情绪影响下双方的策略演化结果是动态变化的，且相较于乐观情绪，悲观情绪对策略选择的影响程度更大。当双方均具有情绪时，双方具有悲观情绪时更倾向于选择"对抗性"策略，且随悲观情绪程度的加强，双方选择"对抗性"策略的概率也会增大；双方具有乐观情绪时更倾向于选择"合作性"策略，且随着乐观情绪程度的增大，双方选择"合作性"策略的概率也会加大。

第二，双方均具有情绪时，若其中一方选择"对抗性"策略，即"低效推行"或"消极参与"，若另一方受悲观情绪影响，则双方策略演化结果可能为完全对抗，即策略均衡趋向于（低效推行，消极参与），若另一方受乐观情绪影响，则双方策略演化结果可能为对抗合作，即（低效推行，积极参与）或（高效推行，消极参与）。若其中一方选择"合作性"策略，即"高效推行"或"积极参与"，另一方情绪悲观或过于乐观，策略演化结果仍为对抗合作，受乐观情绪影响且非过于乐观时，双方策略演化结果可能为完全合作，即（高效推行，积极参与）。

第三，相较于国有企业，民营企业中企业员工的策略感知更为敏感。在民营企业中，若第三方咨询团队的策略发生变化，则企业员工会更为迅速地做出相应调整，即企业员工策略改变的"熔点"更低，且一旦做出改变，变化幅度也会更大一点。

本　章　小　结

本章考虑了情绪因素对精益数字化推行主体策略选择的影响，针对国有性质与民营性质的传统制造型企业，运用 RDEU 博弈模型分别分析了情绪因素影响下第三方咨询团队与企业员工的策略演化机理。研究结果表明，悲观情绪对主体的策略选择影响更大，悲观情绪与过度乐观均不利于企业精益数字化的推行，且民营企业的企业员工策略感知更为敏感，会根据第三方咨询团队策略的变化更为迅速地调整自身的策略。本章明确了第三方咨询团队与企业员工的精益数字化推行策略选择机理，为企业对第三方咨询团队与企业员工的情绪调整与策略干预提供了理论参考。

第四章

产权异质下传统制造型企业
精益数字化推行体系选择

精益数字化的推行需要遵循科学的推行体系，推行体系也会因企业特征的不同而产生差异。本章针对产权性质与规模结构对传统制造型企业精益数字化推行体系的交叉影响，在梳理精益数字化理论框架与推行体系的基础上，通过构建精益数字化推行体系选择模型，对大中小三种不同规模结构的企业在国有与民营两种产权性质下的精益数字化推行体系进行了细致探究。

第一节　理 论 框 架

一、精益数字化推行阶段

传统制造型企业的精益数字化是智能制造的应用，本质上就是将精益化工具、新一代信息技术与先进制造技术等工具深入应用到各个阶段和各个层面，实现互联互通（Jing et al. , 2019）。根据文献总结分析可以将精益数字化推行阶段分为"点线面体"四个阶段（牛占文等，2015）：一是"点"阶段，该阶段主要涉及设计智能化与现场标准化，信息技术的应用使得产品的信息比重提高，物质比重降低，以企业现场标准化为指导，让消费者参与到产品设计和研发环节，重新架构产业运营，通过仿真、设计环节提高产品的科技含量与智能化元件的嵌入，提高产品的数据信息处理能力与产品的新价值创造力，缩短研发周期，促进企业核心技术和关键零部件的突破。二是

"线"阶段，该阶段主要涉及生产智能化与作业标准化，从局部产品智能到车间生产线优化，在人机交互、机器与机器以及机器与劳动对象之间，以看板管理与作业标准化为指导，通过智能设备与大数据监测，优化不同产品设备之间的工作流，改善生产车间物料流，建立起生产信息管理系统，降低车间生产线的故障发生频率，大大提高生产效率，减少质量问题，实现成本精准可控，实现智能化、自动化以及与此高效、快速的物质生产过程相适应的组织形式。三是"面"阶段，该阶段主要涉及服务智能化与流程标准化，精益数字化工具在企业的全方位应用，以准时化物流与价值流管理为指导，制造型企业和供应商通过对数据实时采集、准确把握，加快企业间的数据信息沟通，使消费者和生产者趋于一体化，建立智能化工厂，从产品服务到应用服务，从被动服务到主动分享，从单一生产到共同创造，更加注重用户体验，推动企业运营实现平台化、电商化、国际化。四是"体"阶段，该阶段主要涉及产业链智能化与管理体系标准化，在互联网、机器学习、大数据的支持下，制造型企业通过统筹推进现有 MES、ERP、LIMES、WMS 等业务系统的融合，建立产业链参与者的利益协同，协调各方资源和能力，形成数字化新型产业模式，以共赢的方式生产和消费，实现覆盖设计、生产、物流、销售和服务的端到端集成。

二、精益数字化推行体系

通过对精益数字化相关文献总结及理论分析，并对实施精益数字化的制造企业进行实地调研（历史数据统计），横向从制造型企业产品生产流程出发，纵向从制造型企业推进精益数字化"点线面体"各阶段的特点出发，形成精益数字化推行体系的矩阵形式，并总结提炼出推进精益数字化实施的五种体系（郭旭东，2009；刘丽辉等，2013）。

体系一（W_1）：按照"点→线→面→体"自下而上，在企业中先推行精益化，再推行数字化。主要包括企业首先从"点"阶段对产品生产流程（设计→生产→物流→销售→服务）推行精益化，再推行数字化，以此类推，直到对企业的"体"阶段进行精益数字化的推行，如一汽轿车的"TPS"模式、中集集团的"ONE"模式等。根据"精益为基、数字驱动、智能引领"的理论，企业在工业 4.0 及智能制造背景下，精益是制造服务成功的基础，足够成熟的精益生产要素和精益生产系统是实施数字化工具的推动者。该体系为企业提供的是循序渐进的过程，先从一线工作人员开始进行精益推行，全员参与，激发员工积极性和创造性，营造企业文化，为数字化模式的引进打好基础，有利于企业的长期战略发展。但也存在较大的成本，如时间投入成本、资金回收成本等。

体系二（W_2）：按照"点→线→面→体"自下而上，在企业中精益化与数字化同时推行。主要包括企业首先从"点"阶段对产品生产流程（设计→生产→物流→销售→服务）精益化与数字化同时推行，以此类推，直到对企业的"体"阶段进行精益数字化的推行。精益化是理论指导，数字化是实现手段，二者的有机融合更有效地促进了企业的发展。该体系为企业提供的是精益化与数字化的融合发展，现场标准化与设备自动化同时推行，保证工作质量，提高工作效率，加快对市场的反应速度。

体系三（W_3）：按照"体→面→线→点"自上而下，在企业中精益化与数字化同时推行。主要包括：一是企业首先从"体"阶段对产品生产流程（设计→生产→物流→销售→服务）精益化与数字化同时推行，以此类推，直到对企业的"点"阶段进行精益数字化的推行。二是企业从产品生产流程的设计方面进行"体→面→线→点"阶段精益化与数字化同时推行。以此类推，直到对企业的服务方面进行精益数字化的推行。伴随着智能化技术条件带来的生产灵活性提升和分散资源协同，企业领导者紧抓时代潮流，从组织管理层对精益数字化进行推行，通过建立生产信息管理系统、智慧工厂生产线布局规划和自动化生产设备，让智能生产更加高效率、低成本地运行。在此基础上逐步将精益数字化思想下放到企业各阶层，为企业带来了广阔的发展空间，从而得以持续改善提升。

体系四（W_4）：按照"设计→生产→物流→销售→服务"产品生产流程，在企业中先推行精益化，再推行数字化。主要包括企业从产品生产流程的设计方面进行"点→线→面→体"阶段先推行精益化，再推行数字化，以此类推，直到对企业的服务方面进行精益数字化的推行。企业利用互联网时时了解顾客需求，加强内部资源管理，通过产品制造流程引进精益管理，并逐步实现各阶段的标准化，能够促使企业通过最低的资源投入获取最高的收益。在此基础上，通过大数据等数字技术的发展，引进先进的信息资源，搭建资源共享平台，有利于形成一套高效的产业链。

体系五（W_5）：按照"设计→生产→物流→销售→服务"产品生产流

程，在企业中精益化与数字化同时推行。主要包括企业从产品生产流程的设计方面进行"点→线→面→体"阶段精益化与数字化同时推行，以此类推，直到对企业的服务方面进行精益数字化的推行。该体系为企业提供的是精益化与数字化的融合发展，按照产品生产流程和企业组织结构，标准化与自动化同时推行，推动企业实现全员、全过程、全方位的质量管理的目标。

第二节　理　论　模　型

一、参数设计

本章在考虑规模结构的基础上，分别对民营与国有性质的传统制造型企业的精益数字化推行体系进行研究。假设某一特定经济体中可供消费的所有产品（或服务）均由不同的制造型企业供给，令制造型企业的集合为 Ω。由于集合内企业具有不同的特征，本章将制造型企业定义为 x_{ij}，其中 $x_{ij} \in \Omega$，$i = 1，2，3$，$j = 1，2$，i 表示不同规模的企业，1、2、3、4 分别代表大、中、小型企业，j 表示不同产权性质，1、2 分别代表民营与国有性质的传统制造型企业。

大中小型不同规模结构的企业在民营与国有两种产权性质中对精益数字化推行体系的选择取决于对不同推行体系的评价。令企业精益数字化推行体系为 W_k，$k = 1，2，3，4，5$，分别代表体系 1～体系 5。企业对于数字精益化体系的选择，受企业规模及产权性质的影响，归纳为人、机、料、法、环五个方面，推行体系评价指标为 I_m，$m = 1，2，\cdots，9，10$，包括：企业数字化推进程度（I_1）、员工积极性（I_2）、设备资源建设（I_3）、设备数字化（I_4）、生产人性化（I_5）、物流信息化（I_6）、生产管理水平（I_7）、服务管理水平（I_8）、硬环境即现场智能化程度（I_9）、软环境即企业精益数字化文化（I_{10}）。

在不同产权性质中，对不同规模结构企业精益数字化推行体系的评价是通过对评价指标的打分得到最优结果，计算体系 W_k 与理想体系 W_0 之间关于第 m 个指标的关联度，从而得到不同规模结构与不同产权性质企业的精益数字化最优推行体系。E_x 为期望值、E_n 为熵和 H_e 为超熵，推行体系 W_k 中对评价指标 I_m 的评价值为 $C_{km}(Ex_{km}，En_{km}，He_{km})$，目标 G_m 下指标的理想属性值为 $C_m^*(Ex_m^*，En_m^*，He_m^*)$。专家 S 对推行体系 W_k 评价集成之后的综合评价值为 $f_k = [E_{k1}，E_{k2}，\cdots，E_{km}]$，理想体系 $f_0 = [E_{01}，E_{02}，\cdots，E_{0m}]$，其中 E_{01}，E_{02}，$\cdots$，E_{0m} 为各个指标属性评价最优值。

二、模型构建

为对精益数字化推行体系进行科学选择，本章在参数设计的基础上，借鉴云模型的理论基础，建立精益数字化推行体系选择模型，对大中小型不同规模结构的企业在民营与国有两种产权性质中精益数字化推行体系进行分析，其中精益数字化推行体系选择模型构建的具体步骤如下：

第一步：构建推行体系的集成综合评价值：

集成综合评价值为 $C_0(Ex_0，En_0，He_0)$，μ_k 分别为所对应的权重，则公式如下：

$$Ex_0 = \mu_1 Ex_1 + \mu_2 Ex_2 + \cdots + \mu_n Ex_n$$
$$En_0 = \sqrt{(\mu_1 En_1)^2 + (\mu_2 En_2)^2 + \cdots + (\mu_n En_n)^2}$$
$$He_0 = \sqrt{(\mu_1 He_1)^2 + (\mu_2 He_2)^2 + \cdots + (\mu_n He_n)^2} \tag{4.1}$$

第二步：计算推行体系评价指标的初始权重：

（1）将评价决策矩阵 $C = (C_{km})_{5 \times 10}$ 转换为距离测度矩阵：

$$D = d(C_{km}，C_m^*)_{km} \tag{4.2}$$

其中，C_m^* 为理想属性值。

（2）将距离测度矩阵 D 规范化为矩阵：

$$P = (p_{km})_{5 \times 10}，\quad p_{km} = \frac{d(C_{km}，C_m^*)_{km}}{\sum_{k=1}^{5} d(C_{km}，C_m^*)_{km}} \tag{4.3}$$

（3）求属性 G_m 下的熵值：

$$S_m = -\alpha \sum_{k=1}^{5} p_{km} \ln p_{km} \tag{4.4}$$

其中，$\alpha > 0$ 为常数，$\ln$ 为自然对数，$0 \leqslant S_m \leqslant 1$。

（4）定义属性 G_m 下的各推行体系属性的偏差程度系数：

$$d_m = 1 - S_m \tag{4.5}$$

（5）计算各指标初始权重 ω_m：

$$\omega_m = \frac{d_m}{\sum_{m=1}^{10} d_m} \qquad (4.6)$$

第三步：修正评价指标的权重：

（1）建立云评价初始直接关系矩阵。假设有 S（1，2，…，n）个专家对不同规模结构与产权性质的企业进行体系指标关联关系评价，R^n 为第 n 个专

家通过评价构成的评价初始直接关系矩阵：$R^n = \begin{pmatrix} 0 & r_{12}^n & \cdots & r_{1m}^n \\ r_{21}^n & 0 & \cdots & r_{2m}^n \\ \cdots & \cdots & 0 & \cdots \\ r_{m1}^n & r_{m2}^n & \cdots & 0 \end{pmatrix}$，运用集

成综合评价公式建立所有专家对评价指标的总评价初始直接关系矩阵：

$$R = \frac{1}{n}(R^1 + R^2 + \cdots + R^n) \qquad (4.7)$$

（2）在此基础上，设 r^*（Ex^*，En^*，He^*）为最优指标评价，计算各个指标到（0.000，0.103，0.026）之间的距离，构建距离测度矩阵：$D = d(r_{km}^n, r^*)_{km}$，标准化矩阵为：

$$N = \frac{D}{r_{max}'} \qquad (4.8)$$

其中，r_{max}' 为距离测度矩阵中各行元素之和的最大值。

（3）计算直接关系矩阵：

$$T = N(1-N)^{-1} \qquad (4.9)$$

（4）计算各个指标属性的相对重要度：

$$\lambda_m = \sqrt{(R_m + C_m)^2 + (R_m - C_m)^2} \qquad (4.10)$$

其中，R_m 为矩阵 T 各行元素之和；C_m 为矩阵 T 各列元素之和。

（5）根据指标的重要度计算其相对重要度为：

$$\lambda_m' = \frac{\lambda_m}{\sum_{m=1}^{10} \lambda_m'} \qquad (4.11)$$

（6）得到修正后的指标权重：

$$\omega_m' = \alpha\lambda_m' + (1-\alpha)\omega_m \quad m = 1, 2, \cdots, 10; \ 0 \leqslant \alpha \leqslant 1 \qquad (4.12)$$

其中，α 表示专家对关联关系对指标权重影响程度的评分。

第四步：分析最优推行体系：

根据评价指标之间发展趋势的相似程度来衡量制造型企业精益数字化推行体系间的关联程度，从而选出大中小型不同规模结构的企业在民营及国有两种产权性质中对精益数字化推行体系。设 $f_k = [E_{k1}, E_{k2}, \cdots, E_{km}]$ 为专家对体系 W_k 评价集成之后的综合评价值，理想体系 $f_0 = [E_{01}, E_{02}, \cdots, E_{0m}]$，其中 $E_{01}, E_{02}, \cdots, E_{0m}$ 为各个指标属性评价最优值。体系 W_k 与理想体系 W_0 之间关于第 m 个指标的关联系数为：

$$\xi_{km} = \frac{\min\limits_k \min\limits_m (E_{km} - E_{k0m}) + \rho \max\limits_k \max\limits_m (E_{km} - E_{k0m})}{(E_{km} - E_{k0m}) + \rho \max\limits_k \max\limits_m (E_{km} - E_{k0m})} \tag{4.13}$$

计算第 k 个体系与理想体系的关联度：

$$\gamma_k = \sum_{m=1}^{10} \omega'_m \xi_{km} \tag{4.14}$$

按关联度的大小对各个体系进行排序，比较各个体系的优劣程度，从而根据不同规模结构与不同产权性质的企业选取合适的精益数字化推行体系。

第三节　模 型 分 析

一、数 据 来 源

在文献阅读和理论模型的基础上，本章的数据来源主要为专家打分法，通过对制造业行业专家（电气机械和器材制造业，交通设备制造行业与纺织服装、服饰业等）、数字化咨询专家、精益管理咨询专家及企业中高层管理人员采取背对背的方式征询专家小组成员的预测意见，对体系评价指标 I_m，$m = 1, 2, \cdots, 9, 10$ 进行评价，将数据进行统计、处理、分析和归纳，客观地综合多数专家经验与主观判断，对大量难以采用技术方法进行定量分析的因素做出合理估算，经过多轮意见征询、反馈和调整后，得到大中小型不同规模结构的企业在民营及国有两种产权性质中精益数字化推行体系的指标评价结果。

二、推行体系模型分析

（一）推行体系的集成综合评价值构建

精益数字化推动了传统制造型企业的实体经济向更具活力的数字驱动型创新经济转型，在推行体系评价阶段，从规模结构与产权性质两个视角出发，构造 8 种企业类型，由 8 个专家依据不同企业类型对 5 个推行体系的属性值给出语义评价。按照理论模型中最优推行体系选择步骤，以民营性质的大型制造企业为例，获取 8 个专家对体系的评价值，运用式（4.1）计算体系的集成综合评价值如表 4 - 1 所示。

表 4 - 1　　　　大型企业所有推行体系各项评价指标总评价数据

指标	体系				
	W_1	W_2	W_3	W_4	W_5
I_1	(0.280, 0.042, 0.011)	(0.280, 0.042, 0.011)	(0.860, 0.067, 0.017)	(0.476, 0.032, 0.008)	(0.697, 0.038, 0.010)
I_2	(0.721, 0.042, 0.011)	(0.721, 0.042, 0.011)	(0.265, 0.044, 0.011)	(0.735, 0.044, 0.011)	(0.563, 0.030, 0.008)
I_3	(0.673, 0.037, 0.010)	(0.697, 0.038, 0.010)	(0.860, 0.067, 0.017)	(0.413, 0.033, 0.008)	(0.759, 0.047, 0.012)
I_4	(0.500, 0.030, 0.008)	(0.735, 0.044, 0.011)	(0.798, 0.055, 0.014)	(0.351, 0.035, 0.009)	(0.798, 0.055, 0.014)
I_5	(0.390, 0.032, 0.008)	(0.390, 0.032, 0.008)	(0.390, 0.032, 0.008)	(0.760, 0.047, 0.012)	(0.759, 0.047, 0.012)
I_6	(0.697, 0.038, 0.010)	(0.798, 0.055, 0.014)	(0.822, 0.057, 0.014)	(0.391, 0.032, 0.008)	(0.822, 0.057, 0.014)
I_7	(0.822, 0.057, 0.014)	(0.822, 0.057, 0.014)	(0.822, 0.057, 0.014)	(0.822, 0.057, 0.014)	(0.822, 0.057, 0.014)
I_8	(0.476, 0.032, 0.008)	(0.476, 0.032, 0.008)	(0.438, 0.030, 0.008)	(0.476, 0.032, 0.008)	(0.476, 0.032, 0.008)
I_9	(0.721, 0.042, 0.011)	(0.783, 0.050, 0.013)	(0.923, 0.079, 0.020)	(0.563, 0.030, 0.008)	(0.923, 0.079, 0.020)

续表

指标	体系				
	W_1	W_2	W_3	W_4	W_5
I_{10}	(0.759, 0.047, 0.012)	(0.774, 0.041, 0.010)	(0.303, 0.038, 0.010)	(0.759, 0.047, 0.012)	(0.303, 0.038, 0.010)

（二）评价指标的初始权重计算

将评价值很好（1.0，0.103，0.026）作为理想属性，由式（4.2）计算得到距离测度矩阵，并将距离测度矩阵规范化后，运用式（4.4）～式（4.6）计算出各个评价指标的初始权重分别为 0.099、0.100、0.100、0.100、0.099、0.101、0.102、0.098、0.102、0.099。

（三）评价指标权重修正

本章对计算出的权重进行修正。获取 8 位专家对各个评价指标之间相互影响程度评价值，将其转换为评价值。此处影响关系之间的评价值很高、高、一般、低、很低分别对应评价值中的 C_1 很好（1.0，0.103，0.026）、C_2 好（0.691，0.064，0.016）、C_3 一般（0.50，0.039，0.010）、C_4 较差（0.309，0.064，0.016）、C_5 差（0.00，0.103，0.026），计算出 8 个专家对评价指标间评价总初始直接关系。

将评价值矩阵转换为距离测度矩阵，根据式（4.7）将距离测度矩阵标准化为直接关系矩阵，用式（4.8）～式（4.11）求得评价指标的相对重要度，分别为 0.126、0.092、0.106、0.099、0.081、0.091、0.111、0.078、0.117、0.099，最后根据式（4.12），取 α 分别为 0、0.2、0.4、0.6、0.8、1 求修正权重，修正后的评价指标权重如表 4-2 所示。

表 4-2　　　　　　　　α 不同情况下的指标权重

权重	指标									
	I_1	I_2	I_3	I_4	I_5	I_6	I_7	I_8	I_9	I_{10}
$\alpha=0$	0.099	0.100	0.100	0.100	0.099	0.101	0.102	0.098	0.102	0.099
$\alpha=0.2$	0.104	0.098	0.102	0.100	0.095	0.099	0.104	0.094	0.105	0.099

权重	指标									
	I_1	I_2	I_3	I_4	I_5	I_6	I_7	I_8	I_9	I_{10}
$\alpha = 0.4$	0.109	0.097	0.103	0.100	0.092	0.097	0.106	0.090	0.108	0.099
$\alpha = 0.6$	0.115	0.095	0.104	0.100	0.088	0.095	0.108	0.086	0.111	0.099
$\alpha = 0.8$	0.120	0.093	0.105	0.099	0.085	0.093	0.109	0.082	0.114	0.099
$\alpha = 1$	0.126	0.092	0.106	0.099	0.081	0.091	0.111	0.078	0.117	0.099

（四）推行体系的关联度计算

根据所有体系的总评价矩阵计算各个体系评价指标属性与理想体系评价指标属性间的关联系数，总评价矩阵转换为距离测度矩阵，并运用式（4.13）计算出各个评价指标的关联系数，在此基础上运用式（4.14）计算各个体系在不同权重下的关联度。计算结果如表4-3所示。

表4-3　　　　　不同权重下各个推行体系关联度

权重	体系				
	W_1	W_2	W_3	W_4	W_5
$\alpha = 0$	0.390	0.364	0.410	0.353	0.351
$\alpha = 0.2$	0.390	0.365	0.407	0.354	0.350
$\alpha = 0.4$	0.390	0.365	0.404	0.354	0.349
$\alpha = 0.6$	0.391	0.366	0.400	0.355	0.348
$\alpha = 0.8$	0.391	0.366	0.397	0.354	0.346
$\alpha = 1$	0.391	0.367	0.394	0.355	0.346

根据此推行体系分析模型，得出规模结构与产权性质两个视角的8种企业类型的最优精益数字化推行体系，如表4-4所示。

表 4 – 4　　　　　　　　8 种企业类型的最优精益数字化推行体系

产权性质	规模结构	推行体系优劣程度排序	最优推行体系
民营性质	x_{11}	$W_3 > W_1 > W_2 > W_4 > W_5$	W_3：按照"体→面→线→点"自上而下，精益化与数字化同时推进
	x_{12}	$W_2 > W_3 > W_1 > W_4 > W_5$	W_2：按照"点→线→面→体"自下而上，精益化与数字化同时推进
	x_{13}	$W_1 > W_4 > W_2 > W_5 > W_3$	W_1：按照"点→线→面→体"自下而上，先推进精益化，再推进数字化
国有性质	x_{21}	$W_3 > W_5 > W_2 > W_4 > W_1$	W_3：按照"体→面→线→点"自上而下，精益化与数字化同时推进
	x_{22}	$W_5 > W_4 > W_2 > W_3 > W_1$	W_5：按照"设计→生产→物流→销售→服务"产品生产流程，精益化与数字化同时推进
	x_{23}	$W_4 > W_5 > W_1 > W_2 > W_3$	W_4：按照"设计→生产→物流→销售→服务"产品生产流程，先推进精益化，再推进数字化

第四节　结果分析

根据表 4 – 3 可知，在民营性质的传统制造型企业中，对于大型企业 x_{11} 来说，当推行体系评价指标之间的关联关系对权重影响从小变大时，根据关联度大小排序，推行体系优劣程度基本不变，为 $W_3 > W_1 > W_2 > W_4 > W_5$，即最优推行体系为 W_3，按照"体→面→线→点"自上而下，在企业中精益化与数字化同时推行。

根据表 4 – 4 可知，制造型企业精益数字化推行体系与企业规模结构和产权性质有关，在民营性质的传统制造型企业中，对于中型企业 x_{12} 来说，精益数字化推行体系的排序为 $W_2 > W_3 > W_1 > W_4 > W_5$，即最优推行体系为 W_2；对于小型企业 x_{13} 来说，精益数字化推行体系的排序为 $W_1 > W_4 > W_2 > W_5 > W_3$，即最优推行体系为 W_1。

在国有性质的传统制造型企业中，对于大型企业 x_{21} 来说，精益数字化推行体系的排序为 $W_3 > W_5 > W_2 > W_4 > W_1$，即最优推行体系为 W_3；对于

中型企业 x_{22} 来说，精益数字化推行体系的排序为 $W_5 > W_4 > W_2 > W_3 > W_1$，即最优推行体系为 W_5；对于小型企业 x_{23} 来说，精益数字化推行体系的排序为 $W_4 > W_5 > W_1 > W_2 > W_3$，即最优推行体系为 W_4。

本 章 小 结

本章通过对已有相关文献的梳理，提出了精益数字化理论框架与企业数字化转型的五种推行体系，通过构建精益数字化推行体系选择模型，对考虑民营性质、国有性质两种产权性质的大中小三种不同规模企业的最优精益数字化推行体系进行了分析。结果显示，不同规模结构和产权性质企业的精益数字化推行体系有所不同，在智能制造背景下传统制造业精益数字化实践中需要根据企业的规模结构和产权性质类型合理选择精益数字化推行体系。

第五章

产权异质下传统制造型企业
精益数字化推行路径选择

对于传统制造型企业而言，除"动机不足"外，精益数字化推行还面临着"方式不明"的难题，而推行主体的动机得到合理调整和干预的情况下，仅能保证推行主体"去做"，有必要明晰推行主体"如何做"的问题。精益数字化的推行需针对"点线面体"四个纵向阶段横向改善企业产品的设计、生产、物流、销售与服务模块，而"点线面体"四个纵向阶段企业具体应该如何做？这无疑是精益数字化成功推行的关键。本章在不同产权性质传统制造型企业精益数字化推行体系的基础上，分别分析了"点线面体"四个阶段精益数字化推行的影响因素，并分别剖析了国有性质和民营性质的传统制造型企业"点线面体"四个阶段精益数字化的多元推行路径。

第一节　定性比较分析法适应性分析

精益数字化能否顺利推行受多种因素的影响，影响因素不是孤立的属性，而是在相互作用和相互依赖中共同作用于企业实体。在不确定的环境中，影响因素与结果变量之间的关系不是简单的线性关系，必然存在复杂的多重因果关系。在理论上，方法的选择是由研究内容背后的因果关系决定的。fsQCA 是一种案例导向方法，从组态视角出发将每个案例视作多个原因或前因要素的结合体，每个案例不是各条件的简单堆积，而是各条件组合构型的一种结果。区别于传统的统计分析方法，fsQCA 能够很好地解释原因与结果之间的不对称关系，而影响精益数字化的要素及之间复杂的关系已成为学术界关注的焦点。因此，本书选择 fsQCA 来探索精益数字化的复杂推行路径。具体组态路径用布尔公式表示，例如，a * b * c + d * e * f 表示两条路径，" * "表示"和"，" + "表示"或"。

fsQCA 既适用于小样本（10 个以下）和中样本（10 ~ 50 个）的研究，也适用于大样本（100 个以上）的研究（Ragin，2008）。在 fsQCA 的研究中，基于理论分析的前因变量的选择是关键环节。前因变量的数量应保持在适当的水平，并不是越多越好，要素组态的数量（2^n）将呈指数增长，很容易造成组态数量超过观测数量，这将导致严重的有限多样性问题（Rihoux and Ragin，2008）。因此，对于中样本的研究，通常选择 4 ~ 7 个前因变量。

与传统回归分析的显著性水平和回归系数类似，fsQCA 利用一致性和覆盖率来衡量要素组态与结果的关系。一致性指前因变量或组态是结果变量充分条件的充分性，充分性越高，则前因变量或变量组态引起结果发生的概率越高。当一致性大于 0.8 时，认为前因变量或组态是结果变量的充分条件；当一致性大于 0.9 时，可视前因变量或组合是结果变量的必要条件。覆盖率反映了前因变量或前因变量组态对引起结果发生的解释力，覆盖率越高说明前因变量或前因变量组态对结果的解释程度越高。具体地，覆盖率又分为原始覆盖率和唯一覆盖率：原始覆盖率代表某种条件组态可解释的案例占总案例比例；唯一覆盖率指仅能被某个条件组态所解释的案例占总体案例的比例，唯一覆盖率用于衡量特定组态对结果的重要性以及对结果的解释能力。

第二节　变量选择

一、"点线面体"阶段前因变量的选择

从内部环境来看，精益数字化的影响因素众多，根据企业推进精益化和数字化的"点线面体"四个阶段的特征及已有相关研究，如图 5 - 1 所示，本章总结提炼出了"点线面体"各阶段精益数字化的要求及八大特征。ARAS 方法是根据专家对方案或指标的评分结果对单个单元进行优先级排序，可行方案或指标复杂相对效率的效用函数值与项目中考虑的主要标准值

和权重的相对影响成正比 (Yildirim and Mercangoz，2020)。本章考虑到评分人员的评分具有主观性，在 ARAS 方法的基础上引入模糊因素，即采用 ARAS – F 方法，将评分人员的模糊评分语言转化为相对应的模糊数，进而对"点线面体"各阶段的特征进行优先级排序，筛选出对于四个阶段来说重要性较高的五个特征。邀请 10 名与精益数字化推进密切相关的评分人员（其中包括 4 名精益咨询专家、3 名管理人员及 3 名生产一线员工）依据特征相对重要程度进行评分。

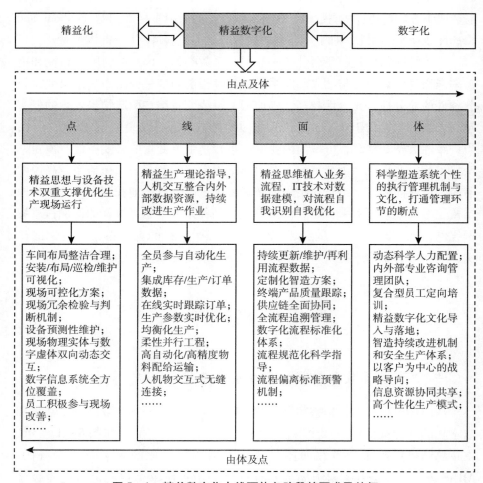

图 5 – 1   精益数字化点线面体各阶段的要求及特征

ARAS – F 步骤及模糊评分语言转化规则参照李希特（Richter，2020），具体转化标准见表 5 – 1。

表 5 – 1　　　　　　ARAS – F 的语言尺度及相关模糊数

语言尺度	模糊数
Very important（VI）	(7, 9, 9)
Important（I）	(5, 7, 9)
Fair（G）	(3, 5, 7)
Unimportant（U）	(1, 3, 5)
Very unimportant（VU）	(1, 1, 3)

以"点"阶段特征（影响因素）筛选为例，具体步骤如下：

第一步：根据模糊评分语言转化得到的相关模糊数构建模糊决策矩阵 X，见表 5 – 2。

表 5 – 2　　　　　　　　　　模糊决策矩阵 X

特征	专家									
	A_1	A_2	A_3	A_4	A_5	A_6	A_7	A_8	A_9	A_{10}
权重	0.1	0.1	0.1	0.1	0.1	0.1	0.1	0.1	0.1	0.1
B_1	(7, 9, 9)	(7, 9, 9)	(7, 9, 9)	(5, 7, 9)	(3, 5, 7)	(3, 5, 7)	(5, 7, 9)	(7, 9, 9)	(5, 7, 9)	(7, 9, 9)
B_2	(5, 7, 9)	(5, 7, 9)	(5, 7, 9)	(5, 7, 9)	(7, 9, 9)	(5, 7, 9)	(7, 9, 9)	(5, 7, 9)	(7, 9, 9)	(7, 9, 9)
B_3	(5, 7, 9)	(5, 7, 9)	(5, 7, 9)	(5, 7, 9)	(5, 7, 9)	(3, 5, 7)	(7, 9, 9)	(5, 7, 9)	(5, 7, 9)	(5, 7, 9)
B_4	(7, 9, 9)	(7, 9, 9)	(7, 9, 9)	(7, 9, 9)	(5, 7, 9)	(5, 7, 9)	(5, 7, 9)	(7, 9, 9)	(5, 7, 9)	(7, 9, 9)
B_5	(7, 9, 9)	(5, 7, 9)	(3, 5, 7)	(5, 7, 9)	(7, 9, 9)	(7, 9, 9)	(7, 9, 9)	(5, 7, 9)	(7, 9, 9)	(5, 7, 9)

续表

特征	专家									
	A_1	A_2	A_3	A_4	A_5	A_6	A_7	A_8	A_9	A_{10}
B_6	(5, 7, 9)	(7, 9, 9)	(7, 9, 9)	(7, 9, 9)	(7, 9, 9)	(7, 9, 9)	(5, 7, 9)	(7, 9, 9)	(7, 9, 9)	(7, 9, 9)
B_7	(5, 7, 9)	(7, 9, 9)	(7, 9, 9)	(7, 9, 9)	(7, 9, 9)	(7, 9, 9)	(7, 9, 9)	(7, 9, 9)	(7, 9, 9)	(7, 9, 9)
B_8	(7, 9, 9)	(7, 9, 9)	(7, 9, 9)	(7, 9, 9)	(5, 7, 9)	(5, 7, 9)	(7, 9, 9)	(7, 9, 9)	(5, 7, 9)	(7, 9, 9)

表 5 - 2 中 B_i（$i = 1$, 2，…，8）表示备选特征的数目；A_j（$j = 1$, 2，…，10）表示评分人员的数目；x_{ij} 是表示 j 评分人员对特征 i 评分的模糊值。

第二步：构建标准化模糊决策矩阵 $\overline{X}$。

若指标为正向指标（最优值为最大值），标准化准则为：$\overline{x_{ij}} = \dfrac{x_{ij}}{\sum\limits_{i=0}^{m} x_{ij}}$；

若指标为负向指标（最优值为最小值），标准化准则为 $x_{ij}{}^* = \dfrac{1}{x_{ij}}$，$\overline{x_{ij}} = \dfrac{x_{ij}{}^*}{\sum\limits_{i=0}^{m} x_{ij}}$。

此外，x_{0j} 表示 j 评分人员对所有特征评分的最优值，$\overline{x_{0j}}$ 表示 j 评分人员对所有特征评分中最优值的标准值。模糊决策矩阵见表 5 - 3。

表 5 - 3 　　　　　　　　　标准化模糊决策矩阵 $\overline{X}$

特征	专家									
	A_1	A_2	A_3	A_4	A_5	A_6	A_7	A_8	A_9	A_{10}
权重	0.1	0.1	0.1	0.1	0.1	0.1	0.1	0.1	0.1	0.1
$\overline{x_{0j}}$	0.1273	0.1228	0.1273	0.1273	0.1321	0.1429	0.1628	0.1228	0.1273	0.1186
B_1	0.1273	0.1228	0.1273	0.0909	0.0566	0.0612	0.0698	0.1228	0.0909	0.1186
B_2	0.0909	0.0877	0.0909	0.0909	0.1321	0.1020	0.1628	0.0877	0.1273	0.1186
B_3	0.0909	0.0877	0.0909	0.0909	0.0943	0.0612	0.1163	0.0877	0.0909	0.0847

特征	专家									
	A_1	A_2	A_3	A_4	A_5	A_6	A_7	A_8	A_9	A_{10}
B_4	0.1273	0.1228	0.1273	0.1273	0.0943	0.1020	0.0698	0.1228	0.0909	0.1186
B_5	0.1273	0.0877	0.0545	0.0909	0.1321	0.1429	0.0698	0.0877	0.1273	0.0847
B_6	0.0909	0.1228	0.1273	0.1273	0.1321	0.1429	0.1163	0.1228	0.1273	0.1186
B_7	0.0909	0.1228	0.1273	0.1273	0.1321	0.1429	0.1628	0.1228	0.1273	0.1186
B_8	0.1273	0.1228	0.1273	0.1273	0.0943	0.1020	0.0698	0.1228	0.0909	0.1186

第三步：构建归一化加权矩阵 $\otimes X$。

构建原则为：$\otimes x_{ij} = \overline{x_{ij}} w_j$，其中 w_j 表示每位评分人员的权重，本章假设所有评分人员权重相等，共 10 名评分人员，每位评分人员的权重均为 0.1，归一化加权矩阵见表 5 - 4。

表 5 - 4　　　　　　　　归一化加权矩阵 $\otimes X$

特征	专家									
	A_1	A_2	A_3	A_4	A_5	A_6	A_7	A_8	A_9	A_{10}
权重	0.1	0.1	0.1	0.1	0.1	0.1	0.1	0.1	0.1	0.1
$\otimes x_{0j}$	0.0127	0.0123	0.0127	0.0127	0.0132	0.0143	0.0123	0.0123	0.0127	0.0119
B_1	0.0127	0.0123	0.0127	0.0091	0.0057	0.0061	0.0088	0.0123	0.0091	0.0119
B_2	0.0091	0.0088	0.0091	0.0091	0.0132	0.0102	0.0123	0.0088	0.0127	0.0119
B_3	0.0091	0.0088	0.0091	0.0091	0.0094	0.0061	0.0123	0.0088	0.0091	0.0085
B_4	0.0127	0.0123	0.0127	0.0127	0.0094	0.0102	0.0088	0.0123	0.0091	0.0119
B_5	0.0127	0.0088	0.0055	0.0091	0.0132	0.0143	0.0123	0.0088	0.0127	0.0085
B_6	0.0091	0.0123	0.0127	0.0127	0.0132	0.0143	0.0088	0.0123	0.0127	0.0119
B_7	0.0091	0.0123	0.0127	0.0127	0.0132	0.0143	0.0123	0.0123	0.0127	0.0119
B_8	0.0127	0.0123	0.0127	0.0127	0.0094	0.0102	0.0123	0.0123	0.0091	0.0119

第四步：计算加权最优函数值。

根据 $S_{it} = \sum_{j=1}^{n} \otimes x_{ij}$，$i = \overline{0, m}$，分别计算最优函数值 $S_{i\alpha}$、$S_{i\beta}$、$S_{i\gamma}$，再

进行去模糊化处理，即加权平均算得的 3 个最优函数值 $S_{i\alpha}$、$S_{i\beta}$、$S_{i\gamma}$，最后得到加权最优函数值 S_i，见表 5 – 5。

表 5 – 5　　　　　　　　　加权最优函数值及效用值

特征	效用值					
	PO$_2$	$S_{i\beta}$	$S_{i\gamma}$	S_i	K	Rank
x_{0j}	0.1271	0.1231	0.1123	0.1208	1.0000	
B_1	0.1006	0.1034	0.1071	0.1037	0.8583	7
B_2	0.1051	0.1066	0.1123	0.1080	0.8937	5
B_3	0.0902	0.0954	0.1097	0.0984	0.8147	8
B_4	0.1121	0.1119	0.1123	0.1121	0.9277	4
B_5	0.1058	0.1070	0.1097	0.1075	0.8897	6
B_6	0.1200	0.1177	0.1123	0.1166	0.9654	2
B_7	0.1235	0.1204	0.1123	0.1187	0.9824	1
B_8	0.1156	0.1146	0.1123	0.1141	0.9447	3

第五步：计算效用值。

根据 $K_i = \dfrac{S_i}{S_0}$，$i = \overline{0, m}$，算得所有特征的效用值，见表 5 – 5。

根据计算出的效用值对"点"阶段八个特征的优先级进行排序，根据排序结果确定"点"阶段重要性排名前五的特征，将这五个特征作为"点"阶段精益数字化的内部影响因素。"线面体"三个阶段同理。

从外部环境来看，政府扶持是政府助推企业智能转型的关键手段，也是促进智能制造实现的重要驱动力之一，在迈向智能制造的过程中，企业不仅离不开自身的努力，更离不开政府的支持和引导。适当的政府扶持能为企业的发展提供支持，起到激发企业转型升级的效果。因此，本章仅将政府扶持视为外部影响因素纳入路径分析模型。

综上所述，将筛选得到的内部影响因素和政府扶持这个外部影响因素作为影响"点线面体"四个阶段精益数字化推行的前因变量，详见表 5 – 6 左半部分。

表 5-6 fsQCA 变量选取

视角	阶段	前因变量					结果变量
内部环境	点	现场物理实体与数字虚体双向动态交互 PO_1	数字信息系统全方位覆盖 PO_2	员工积极参与现场改善 PO_3	现场冗余检验与判断机制 PO_4	安装/布局/巡检/维护可视化 PO_5	现场精细化 PO
	线	全员参与自动化生产 LI_1	人机物交互式无缝连接 LI_2	集成库存/生产/订单数据 LI_3	生产参数实时优化 LI_4	柔性并行工程 LI_5	作业敏捷化 LI
	面	持续更新/维护/再利用流程数据 PL_1	数字化流程标准化体系 PL_2	流程规范化科学指导 PL_3	供应链全面协同 PL_4	全流程追溯管理 PL_5	流程一体化 PL
	体	智造持续改进机制和安全生产体系 CU_1	精益数字化文化导入与落地 CU_2	内外部专业咨询管理团队 CU_3	复合型员工定向培训 CU_4	动态科学人力配置 CU_5	组织结构及机制动态化 CU
外部环境		政府扶持 G					
情境因素		产权性质 S_T					

二、"点线面体"阶段结果变量的选择

"点线面体"四个阶段由于各自所针对或作用要素的不同决定了各阶段目标的差异化。

(一)点阶段

精益数字化推行过程中为进行生产现场管理,要求必须用科学的管理制度、标准和方法对生产现场各生产要素进行合理有效的计划、组织、协调、控制和检测,使其处于良好的结合状态,在常规管理的基础上进一步把管理工作做精、做细,落实好生产现场的专业化、标准化、数据化和信息化,最终实现生产现场管理精益化。

（二）线阶段

精益数字化要求缩短作业转换时间，快速高效应对生产现状、订单动态，实现生产作业的灵活化、敏捷化管理。

（三）面阶段

精益数字化在该阶段要求打通企业内部的数据价值链并有效利用企业外部的数字化资源，实现流程整体优化与持续改进，确保系统间的数据交互、系统与流程间相互匹配，实现跨业务数据的整合，构建合理的系统构架确保全流程一体化。

（四）体阶段

精益数字化要求企业主体拥有成熟的精益文化和精益运营思维、制度体系，同时孕育更加连续的人才培养模式，如建立精益人才体系，连续不断地为员工、为企业增值，以实现战略层面的动态化自我管理。基于此，本章分别将"现场精细化、作业敏捷化、流程一体化、组织结构及机制动态化"作为各阶段的结果变量，见表5－6最后一列。

第三节　数据来源

除产权性质外，其余变量均采用李克特（Likert）5级量表测量，由被试对各变量进行评分，"1"表示"非常不同意"，"5"表示"非常同意"，并在征求本领域内的专家、企业管理人员及一线员工意见的基础上对问卷进行调整与修正，修正部分题项后形成正式问卷。本研究向12家推行精益数字化的传统制造型企业发放问卷，最后共回收有效问卷189份。回收的问卷中，国有企业问卷数量为83份，约占43.9%，民营企业问卷数量为106份，约占总有效问卷数量的56.1%。基于得到的问卷数据运用fsQCA分别对国有性质和民营性质的传统制造型企业的"点线面体"阶段精益数字化推行路径进行探讨。

第四节　数据分析

一、数据校准

本章运用 fsQCA 3.0 对结果变量以及各前因变量进行数据校准并将其转换为相应的模糊集隶属度，设置 3 个临界值：完全不隶属、交叉点、完全隶属，转化后的集合隶属介于 0 ~ 1 之间，表示某个组态在结果中的隶属度，"隶属度 = 1"表示完全隶属，"隶属度 = 0"表示完全不隶属，两者之间的数值表示部分隶属。目前，数据校准是 fsQCA 方法应用过程的难点，目前尚无统一的校准方法范式。

基于李克特 5 级量表问卷数据的校准方法一般有两种：一种是对变量测量题项的问卷结果进行加权平均，将完全非隶属度、交叉隶属度和完全隶属度的校准锚点分别设为 1、3 和 5，然而，一般情况下，问卷的得分分布可能会有偏差（如都分布在 3 以上），此时可将校准锚点设置为 3、4、5；另一种是将每个变量的测量题项值加总排序，将校准锚点设置为排序数据的上四分位数、中位数和下四分位数。与后者相比，前者的计算更简洁、直接。

本书通过李克特 5 级量表获取相关数据，采用第一种校准方法，将"3"设定为完全不隶属，"4"设定为交叉点，"5"设定为完全隶属。

二、单一变量必要性检测

在对传统制造型企业精益数字化推行的影响因素进行组态分析之前，首先需要检验单一条件变量是否为结果变量的必要条件。当条件变量对结果变量的一致性达到 0.9 以上时，可以认为此因素是该结果产生的必要条件。用 fsQCA 3.0 进行一致性分析，将一致性阈值设为 0.8，案例阈值设为 1，得到各单一变量对结果变量的一致性分值，如表 5 – 7 所示。

表 5 - 7　　　　　　　　　单变量必要性检验结果

阶段	变量	PO		~ PO		阶段	变量	LI		~ LI	
		一致性	覆盖率	一致性	覆盖率			一致性	覆盖率	一致性	覆盖率
点	G	0.625	0.762	0.421	0.274	线	G	0.512	0.643	0.636	0.422
	~ G	0.427	0.590	0.681	0.482		~ G	0.539	0.737	0.462	0.334
	PO_1	0.646	0.686	0.282	0.198		LI_1	0.570	0.726	0.442	0.313
	$\sim PO_1$	0.416	0.530	0.638	0.548		$\sim LI_1$	0.487	0.623	0.664	0.449
	PO_2	0.692	0.709	0.447	0.268		LI_2	0.746	0.789	0.309	0.190
	$\sim PO_2$	0.374	0.569	0.682	0.531		$\sim LI_2$	0.302	0.453	0.720	0.650
	PO_3	0.704	0.745	0.603	0.327		LI_3	0.723	0.746	0.390	0.235
	$\sim PO_3$	0.363	0.641	0.529	0.479		$\sim LI_3$	0.329	0.505	0.744	0.604
	PO_4	0.352	0.686	0.303	0.686		LI_4	0.499	0.580	0.714	0.500
	$\sim PO_4$	0.599	0.684	0.698	0.351		$\sim LI_4$	0.570	0.753	0.316	0.250
	PO_5	0.638	0.739	0.501	0.310		LI_5	0.695	0.719	0.466	0.254
	$\sim PO_5$	0.427	0.626	0.628	0.471		$\sim LI_5$	0.275	0.494	0.669	0.634

阶段	变量	PL		~ PL		阶段	变量	CU		~ CU	
		一致性	覆盖率	一致性	覆盖率			一致性	覆盖率	一致性	覆盖率
面	G	0.572	0.728	0.524	0.339	体	G	0.568	0.761	0.530	0.308
	~ G	0.480	0.665	0.579	0.408		~ G	0.483	0.703	0.588	0.372
	PL_1	0.609	0.711	0.501	0.255		CU_1	0.501	0.784	0.458	0.312
	$\sim PL_1$	0.257	0.504	0.630	0.626		$\sim CU_1$	0.561	0.704	0.683	0.373
	PL_2	0.587	0.760	0.500	0.329		CU_2	0.622	0.711	0.333	0.160
	$\sim PL_2$	0.482	0.655	0.635	0.439		$\sim CU_2$	0.242	0.455	0.714	0.666
	PL_3	0.598	0.789	0.447	0.230		CU_3	0.547	0.741	0.593	0.349
	$\sim PL_3$	0.469	0.625	0.686	0.464		$\sim CU_3$	0.519	0.746	0.559	0.349
	PL_4	0.357	0.654	0.710	0.374		CU_4	0.610	0.719	0.333	0.146
	$\sim PL_4$	0.598	0.688	0.576	0.350		$\sim CU_4$	0.154	0.348	0.717	0.699
	PL_5	0.573	0.705	0.605	0.378		CU_5	0.778	0.798	0.682	0.289
	$\sim PL_5$	0.495	0.712	0.529	0.386		$\sim CU_5$	0.269	0.662	0.474	0.506

由表5-7可知，"点线面体"阶段各前因变量对精益数字化推行对应结果变量一致性得分均未超过0.9，介于0.15~0.80之间，即不存在其中某个因素为高效或低效推行精益数字化的必要条件。由此可见，单个条件变量对"点线面体"阶段高效开展精益数字化与低效开展精益数字化的解释力均不强。

三、组态分析

运用 fsQCA 软件对校准数据进行组态分析时，可以得到三种解：复杂解、简约解与中间解。复杂解没有考虑逻辑余项，即忽略了未纳入组态分析的观察案例；简单解虽然包含了所有的逻辑余项，但并未评价其合理性，且简约解过于简单，可能与实际情况存在差别；中间解一般介于复杂解与简约解之间，将逻辑余项的合理部分纳入解中，与实际情况更相近，得到结论的启示性与普适性更好，通常被认为优于另外两种解。因此，本章选用中间解解释精益数字化推行组态路径。

（一）传统制造型企业"点"阶段精益数字化推行路径

1. 情形1：全样本下传统制造型企业"点"阶段精益数字化推行路径

采用 QCA 符号表示全样本下传统制造型企业"点"阶段构成现场精细化的条件组态，结果见表5-8。

表5-8　"点"阶段全样本与不同产权性质的传统制造型企业精益数字化推行路径

类别	全样本1	全样本2	全样本3	全样本4	国有1	国有2	国有3	国有4	民营1	民营2	民营3
G	⊗	●	●		⊗	●		●	●		●
PO$_1$	●			●	●		●		●	●	●
PO$_2$	●	●						●	●	●	●
PO$_3$			●	●	●			●			
PO$_4$								⊗			
PO$_5$	●	●	●	●		●	●	●	●	●	
一致性	0.91	0.83	0.88	0.90	0.89	0.83	0.87	0.92	0.92	0.85	0.93

续表

类别	全样本1	全样本2	全样本3	全样本4	国有1	国有2	国有3	国有4	民营1	民营2	民营3
原覆盖度	0.41	0.17	0.22	0.27	0.19	0.33	0.45	0.23	0.28	0.30	0.17
唯一覆盖度	0.27	0.04	0.05	0.14	0.03	0.15	0.17	0.07	0.13	0.16	0.09
总体一致性	0.83				0.91				0.89		
总体覆盖度	0.52				0.44				0.41		

注：●表示该条件出现，⊗表示该条件不出现，空白表示该条件可有可无，大圆点●表示核心条件，小圆点•表示辅助条件（同时出现在简单解与中间解的条件变量为核心条件，而仅出现在中间解的变量为边缘条件），下同。

由表 5−8 可知，全样本下"点"阶段共有 4 种组态方案（ ~G * PO_1 * PO_2 * PO_5 + G * PO_2 * PO_5 + G * PO_3 * PO_5 + PO_1 * PO_3 * PO_5），方案整体一致性达到 0.83，整体覆盖率达到 0.52，即这 4 个方案对"点"阶段现场精细化具有较强的解释力，可以解释 52% 的"点"阶段现场精细化的原因。路径 1 表示没有政府扶持时，满足两个核心条件，即现场物理实体与数字虚体高质双向动态交互和数字信息系统全方位覆盖，再辅以现场可视化就能取得较好的精益数字化推行成效。路径 2 表明在保证数字信息系统全方位覆盖、安装/布局/巡检/维护可视化的情况下，若政府能提供一些补贴，企业就能较好地落实现场精细化的目标。路径 3 表示企业满足核心条件员工积极参与现场改善、安装/布局/巡检/维护可视化，并具备辅助条件政府扶持时，也可很好地保证"点"阶段精益数字化成效落地。路径 4 表明当现场物理实体与数字虚体双向动态交互和安装/布局/巡检/维护可视化被高度重视时，也需调动员工积极性，让员工积极参与现场改善，才能保证"点"阶段精益数字化的顺利推行。路径 1 与路径 4 中现场物理实体与数字虚体双向动态交互、数字信息系统全方位覆盖都是核心条件，但路径 1 相较路径 4 有更高的一致性和覆盖率，则路径 1 实现高水平精益数字化的可能性更大。路径 2 和路径 3 均需有政府的外部辅助，且这两条路径都要求生产现场可视化，这是精益思想最基本且必不可少的条件，在满足可视化的前提下重点改善系统全方位覆盖情况或调动员工在智能化生产环境下改善的积极性。分析 4 种方案可知，全样本下现场物理实体与数字虚体双向动态交互、数字信息系统全方位覆盖、安装/布局/巡检/维护可视化相对来说是最重要的且基本均为核心条件，是影响实现现场精益化的关键要素，这3个要素分别与员工积极参与现场改善、政府扶持相匹配产生协同作用，共同促使企业高效推行"点"阶段精益数字化。

2. 情形2：产权性质异质下传统制造型企业"点"阶段精益数字化推行路径

产权性质异质下传统制造型企业"点"阶段现场精细化路径符号表示也见表5-8。由表5-8右半部分可知，国有企业"点"阶段推行路径有4种，具体为（ ~ G * PO_1 * PO_2 * PO_3 + G * PO_2 * PO_5 + PO_1 * PO_2 * PO_5 + G * PO_3 * ~ PO_4 * PO_5）。路径1表示在没有政府扶持的情况下，数字信息系统全方位覆盖、员工积极参与现场改善需视为核心条件被重视，现场物理实体与数字虚体双向动态交互看作辅助条件对待，这三个要素组合在一块就可构成现场精益化的有效条件组态之一。路径2表明企业有政府扶持时，若数字信息系统做到全方位覆盖，安装/布局/巡检/维护可视化维持高水平也可较好地推行"点"阶段精益数字化。路径3表示不管其他条件是否满足，只要企业满足现场物理实体与数字虚体双向动态交互、数字信息系统全方位覆盖和安装/布局/巡检/维护可视化三个条件得到保证就能实现现场精细化的目标。路径4表示对于拥有政府扶持的企业，当企业可能由于员工积极性不高、当前技术设备不够先进科学或现有组织机制过于僵化等原因，不能建立现场冗余检验与判断机制时，员工积极参与现场改善和安装/布局/巡检/维护可视化均需作为核心条件被满足。对于国有性质传统制造企业，数字信息系统全方位覆盖是核心且必要的要素，并且国有企业的员工积极参与现场改善、建立现场冗余检验与判断机制这两个要素，企业不能很好地实现，这与国有企业独有的政治体制和员工行动上惯性服从是分不开的。此外，国有性质传统制造企业的数字信息系统全方位覆盖是高效推行精益数字化的重要条件之一，现场可视化也是不可忽视的另一核心条件。民营企业"点"阶段现场精细化的实现路径共有3条，具体为（G * PO_1 * PO_5 + PO_1 * PO_2 * PO_5 + G * PO_1 * PO_2）。路径1表示当企业有政府扶持时，需要实现现场物理实体与数字虚体双向动态交互并确保安装/布局/巡检/维护可视化。路径2和国有制造企业的第3条路径相似，唯一的区别是现场可视化是核心条件，原因是民营制造企业业务较为复杂，问题单元和浪费现象暴露较为频繁，若不能很好地管控现场使生产全局可视化将很难顺利推行精益数字化。路径 3 表示政府扶持、现场物理实体与数字虚体双向动态交互和数字信息系统全方位覆盖均作为核心条件出现时，就可高效推行"点"阶段精益数字化。相较将重点放在信息系统全方位覆盖的国有性质传统制造企业，民营传统制造企业更重视现场实体和信息虚体的双向动态交互，而且民营传统制造企业更需要政府的外在支持，一方面可为企业一线生产设备及人员的配置提供额外的要素支撑，另一方面可为企业精益数字化推行营造良好的市场环境，更有助于培养企业的转型活力。

（二）传统制造型企业"线"阶段精益数字化推行路径

1. 情形 1：全样本下传统制造型企业"线"阶段精益数字化推行路径

通过观察组态分析结果，全样本下传统制造型企业"线"阶段推行路径有 4 条：（$LI_1 * \sim LI_4 * LI_5 + LI_3 * \sim LI_4 * LI_5 + G * LI_1 * LI_3 + \sim G * \sim LI_1 * LI_2 * LI_4 * LI_5$），见表 5-9。路径 1 表示当生产参数不能做到实时优化时，必须做到以下两点：全员参与自动化生产和柔性并行地实施各项工程。路径 2 和路径 1 大致一样，区别在于是否全员参与自动化不做要求，强调集成库存/生产/订单数据。路径 3 表示政府扶持、全员参与自动化生产和集成库存/生产/订单数据三个条件均为核心条件时也可很好地促使生产作业实现敏捷化的目标。路径 4 表示当没有政府扶持且全员也不能积极参与自动化生产时，人机物交互式无缝连接、生产参数实时优化和柔性并行工程均需作为核心条件进行匹配组合。总体来看，路径 3 一致性最高，解释力更强一点，全员参与自动化生产、集成库存/生产/订单数据、柔性并行工程这 3 个要素比较重要，其中在企业获得政府扶持的情况下，前两个要素均需扮演核心条件的角色。路径 1 和路径 2 的区别也在于二者，且二者一定程度上可以相互替代，在"线"阶段的精益数字化推行进程中发挥重要作用。

表 5-9　"线"阶段全样本与不同产权性质的传统制造型企业精益数字化推行路径

类别	全样本1	全样本2	全样本3	全样本4	国有1	国有2	国有3	国有4	民营1	民营2	民营3	民营4
G			●	⊗	⊗	●						•
LI_1	●					⊗		●	●	•		

续表

类别	全样本1	全样本2	全样本3	全样本4	国有1	国有2	国有3	国有4	民营1	民营2	民营3	民营4
LI_2				●		●	·			●		
LI_3		·	●			●	·	·	·	●	●	
LI_4	⊗	⊗		●				·			●	●
LI_5	●	●		·	●			●		·		●
一致性	0.84	0.81	0.90	0.81	0.87	0.88	0.89	0.87	0.84	0.93	0.92	0.88
原覆盖度	0.23	0.13	0.36	0.21	0.13	0.26	0.43	0.30	0.16	0.41	0.23	0.12
唯一覆盖度	0.15	0.03	0.23	0.04	0.02	0.11	0.14	0.08	0.06	0.13	0.05	0.02
总体一致性	0.87				0.91				0.82			
总体覆盖度	0.44				0.52				0.59			

2. 情形2：产权性质异质下传统制造型企业"线"阶段精益数字化推行路径

根据中间解的输出结果，产权性质异质下传统制造型企业"线"阶段作业敏捷化组态路径符号表示也见表5-9。由表5-9右半部分可知，国有性质传统制造型企业"线"阶段的精益数字化高效推行等效路径共有4条，具体为（~G * LI_1 * LI_5 + G * LI_2 * LI_3 + LI_1 * LI_2 * LI_3 + LI_1 * LI_3 * LI_4 * LI_5）。路径1表示当没有政府扶持时，企业需保证柔性并行工程，同时需采取相关措施尽可能让全体员工参与到精益数字化战略中。路径2表示企业受到政府扶持时，必须高度重视是否集成生产供应相关的数据，能否实时优化生产参数。路径3表示当全体员工积极参与自动化生产并切实执行生产任务时，需辅以人机物交互式无缝连接、集成库存/生产/订单数据两个要素条件。路径4表示当全体员工参与自动化生产和柔性并行工程把控得非常好时，需重视数据的集成和生产参数的优化两个条件。在4条路径中全员参与自动化生产和集成库存/生产/订单数据两个要素均作为核心条件或辅助条件出现，且柔性并行工程对于国有制造企业来说较难满足，这也与国有制造企业生产体制僵化是分不开的。相较其他路径，路径3有较高的覆盖率，说明企业更容易满足路径 3 的条件。对于民营传统制造企业，"线"阶段精益数字化推行路径也有 4 条：$(LI_1 * LI_3 * LI_5 + LI_2 * LI_3 * LI_5 + LI_1 * LI_3 * LI_4 * LI_5 + G * LI_1 * LI_4 * LI_5)$，总一致性 0.82，满足一致性大于 0.8 的要求。路径 1 表示柔性并行工程作为核心条件时，全员参与自动化和集成库存/生产/订单数据信息需作为辅助条件。路径 2 表示人机物及网络交互式无缝连接和集成库存/生产/订单数据是核心条件时，必须再辅以柔性并行工程这一要素条件，才能构成作业敏捷化的条件组合。路径 3 表示集成生产运营相关信息数据和优化生产参数二者为核心条件时，需同时重视另外两个辅助条件的提升，即全员参与自动化生产和柔性并行工程维持优质水平，才可很好地保证作业敏捷化。路径 4 同路径 3 一样，也为两个核心条件、两个辅助条件的组合，核心条件为生产参数实时优化和柔性并行工程，辅助条件为政府扶持和全员参与自动化生产。通过分析可知，民营性质传统制造企业基本都需满足柔性并行工程这一条件，此条件可视为民营制造企业"线"阶段推行精益数字化的前提条件，且该阶段对政府扶持这一外部要素要求不是很高，而是对企业内部合理运用系统与数据提出了很高的要求，4 条路径均对库存/生产/订单数据集成提出了要求。

（三）传统制造型企业"面"阶段精益数字化推行路径

1. 情形 1：全样本下传统制造型企业"面"阶段精益数字化推行路径

通过分析传统制造型企业"面"阶段流程一体化前因条件构型，得到全样本下前因条件组态共有 3 条：$(PL_1 * PL_2 * PL_4 * \sim PL_5 + PL_1 * \sim PL_2 * PL_5 + \sim PL_1 * PL_2 * PL_5)$，见表 5 - 10。路径 1 表示企业不能完成生产全流程追溯管理时，需持续更新/维护/再利用集成流程数据，并尽可能保证供应链全面协同，同时也需构建数字化流程标准化体系。路径 2 和路径 3 中全流程追溯管理均是必要的核心条件，持续更新/维护/再利用流程数据和数字化流程标准化体系是可相互替代的条件。"面"阶段精益数字化要求企业生产及管理流程达到一体化的效果，通过分析可知，数字化流程标准化体系和流程规范化科学指导这两个条件必须至少满足其中之一，同时与其他要素匹配产生协同作用，才能对该阶段顺利推行精益数字化产生积极作用。

表 5 – 10 "面"阶段全样本与不同产权性质的传统制造型企业精益数字化推行路径

类别	全样本1	全样本2	全样本3	国有1	国有2	国有3	民营1	民营2	民营3
G				⊗	●				●
PL_1	●	●	⊗	●	⊗	●	●	⊗	●
PL_2	•	⊗			⊗				
PL_3				●		●			
PL_4	●			•				•	
PL_5	⊗	●	●		●	●	⊗	●	⊗
一致性	0.88	0.82	0.81	0.91	0.83	0.82	0.85	0.86	0.83
原覆盖度	0.44	0.21	0.23	0.43	0.24	0.16	0.31	0.32	0.26
唯一覆盖度	0.19	0.03	0.11	0.24	0.14	0.04	0.15	0.16	0.08
总体一致性	0.83			0.90			0.84		
总体覆盖度	0.52			0.63			0.47		

2. 情形 2：产权性质异质下传统制造型企业"面"阶段精益数字化推行路径

产权性质异质下传统制造型企业"面"阶段流程一体化实现路径见表 5 – 10。由表 5 – 10 右半部分可知，国有传统制造型企业在"面"阶段精益数字化推行有 3 条等效路径：（ ~G * PL_1 * PL_3 * PL_4 + G * ~PL_1 * PL_2 * PL_5 + PL_1 * ~PL_2 * PL_3 * PL_5 ），这 3 条路径的总一致性为 0.9，总覆盖率为 0.63，能解释 63% 高效高质推行"面"阶段精益数字化的原因。路径 1 表示当没有政府扶持时，需确保流程数据的高效处理和利用，并对流程进行规范化科学指导，同时还需辅以供应链全面协同这个条件。路径 2 表示若企业得到了政府扶持，且不能持续更新/维护/再利用集成流程数据时，则需构建一套适合企业自身的数字化流程标准化体系，同时需保证高效高质的全流程追溯管理。路径 3 表示当企业未能建立数字化流程标准化体系时，则需同时确保持续更新/维护/再利用流程数据、流程规范化科学指导和全流程追溯管理维持在高水平状态。虽然 3 条路径都可实现"面"阶段精益数字化的高效推行，但相较路径 2 和路径 3 来说，路径 1 解释力度更强。原因在于路径 2 和路径 3 中都没有满足全面协同供应链的条件，国有传统制造企业在物资供应管理体系上所体现出来的种种弊端，以及对物资供应管理的整体缺乏有效管理都深刻影响着企业整体物资调配，进而影响流程一体化，因此国有制造企业应更加重视物资供应链管理。民营传统制造企业"面"阶段精益数字化推行路径也有 3 条：（$PL_1 * PL_3 * PL_4 * \sim PL_5 + \sim PL_1 * PL_2 * PL_4 * PL_5 + G * PL_1 * PL_4 * \sim PL_5$），总体一致性为 0.84，总覆盖率为 0.47，且 3 条路径均有较强的解释力。路径 1 表示当企业不能很好地对全流程进行追溯管理时，需对企业的持续更新/维护/再利用流程数据、流程规范化科学指导、供应链全面协同情况予以高度重视。路径 2 表示当企业不能很好地持续更新/维护/再利用流程数据时，需重视数字化流程标准化体系的构建、供应链全面协同以及全流程追溯管理。路径 3 表示当企业拥有政府扶持时，若不能对全流程进行追溯管理，需保证持续更新/维护/再利用集成流程数据和全面协同供应链。由此可见，对于民营制造企业"面"阶段精益数字化推行影响最大的因素是能否确保供应链的全面协同。

（四）传统制造型企业"体"阶段精益数字化推行路径

1. 情形 1：全样本下传统制造型企业"体"阶段精益数字化推行路径

"体"阶段精益数字化的推行强调企业组织结构与机制的动态化变革，有必要从人员、机制、文化等方面精准优化。通过分析中间解可知，全样本下传统制造型企业"体"阶段实现组织结构及机制动态化目标，共存在 3 条等效路径，具体为：（$G * CU_1 * CU_3 * CU_5 + CU_2 * CU_3 * CU_4 * CU_5 + CU_1 * CU_2 * CU_3 * CU_5$），见表 5 - 11。路径 1 表示企业获得政府扶持时，需要重点强调精益数字化文化的导入与落地和动态科学的人力配置，同时还需打造智造持续改进机制与安全生产体系。路径 2 是精益数字化文化的导入与落地、内外部专业的经营管理团队两个核心条件和复合型员工定向培训、动态科学人力配置两个辅助条件的组合。路径 3 表示当没有政府扶持时，除对复合型员工定向培训不做要求外，其余条件必须高质高效地落实完成。分析可知，内外部专业咨询管理团队最重要且均为核心条件，专业的经营管理团队是提高组织生产力和高效达成组织目标的基础，是不可或缺的必要条件，同时智造持续改进机制和安全生产体系、精益数字化文化导入与落地、动态科学人力配置也作为核心条件或辅助条件共同作用于"体"阶段的精益数字化效果。

表 5-11 "体"阶段全样本与不同产权性质的传统制造型企业精益数字化推行路径

类别	全样本1	全样本2	全样本3	国有1	国有2	国有3	国有4	民营1	民营2	民营3
G	●					●			●	
CU_1	•		●		•		•	⊗		•
CU_2		●	●	●	●		●	●	●	●
CU_3	●	●	•	●		•	●	●	●	●
CU_4		•			•		●	●		
CU_5	●	•	●						•	●
一致性	0.94	0.93	0.95	0.87	0.85	0.86	0.81	0.90	0.84	0.88
原覆盖度	0.39	0.26	0.24	0.37	0.33	0.35	0.18	0.28	0.15	0.32
唯一覆盖度	0.15	0.05	0.01	0.15	0.04	0.13	0.01	0.02	0.01	0.05
总体一致性	0.91			0.88				0.90		
总体覆盖度	0.51			0.53				0.48		

2. 情形 2：产权性质异质下传统制造型企业"体"阶段精益数字化推行路径

产权性质异质下传统制造型企业"体"阶段组织结构及机制动态化组态路径符号表示见表 5-11。由表 5-11 可知，国有制造型企业"体"阶段共有 4 条等效路径：（$CU_2 * CU_3 * CU_4 + CU_1 * CU_2 * CU_3 + G * CU_3 * CU_4 * CU_5 + CU_1 * CU_3 * CU_4$）。路径 1 表示在其他要素条件可有可无的情况下，企业必须保证精益数字化文化导入与落地，并配备专业的内外部经营管理团队，同时也不能忽视复合型员工的定向培训。路径 2 大致同路径 1，唯一的区别在于辅助条件是构建智造持续改进机制和安全生产体系。路径 3 表示当有政府扶持时，高度重视复合型员工定向培训的同时也需保证拥有内外部专业的经营管理团队和动态科学的人力配置。路径 4 也是两个核心条件和一个辅助条件的组合，核心条件为内外部专业咨询管理团队、复合型员工定向培训，辅助条件为智造持续改进机制和安全生产体系。4 条路径中基本都没满足动态科学人力配置这一要素条件，原因在于长期以来国有制造型企业在人力资源配置方面存在效率低下、人员结构不合理的问题，若国有制造型企业能突破这一瓶颈定能更为有效地变革"体"阶段。此外，4 条路径中均强调内外部专业的经营管理团队，原因在于国有制造企业管理层通常经过政府任命，其专业性水平较差，而这正是阻碍战略层面发生变革的根本性原因。因此国有制造企业非常重视转型过程中专业人才的配备。民营制造企业"体"阶段推行路径有 3 条：（ ~ CU_1 * CU_2 * CU_3 * CU_4 + G * CU_2 * CU_3 * CU_5 + CU_1 * CU_2 * CU_3 * CU_5）。路径 1 表示当企业不能打造智造持续改进机制和安全生产体系时，需确保精益数字化文化导入与落地、内外部专业咨询管理团队、复合型员工定向培训这三方面的持续高水平。路径 2 表示有政府扶持时，还需匹配精益数字化文化导入与落地、内外部专业咨询管理团队及动态科学人力配置三个要素条件。路径 3 表示企业必须保证精益数字化文化导入与落地，致力于打造专业的内外部经营管理团队，并科学推行人力资源配置的动态管理，同时也需辅以智造持续改进机制和安全生产体系，方可有效推行"体"阶段的精益数字化实施。总之，民营传统制造型企业的所有路径中均强调精益数字化文化导入与落地和内外部专业咨询管理团队。原因在于，相较于国有企业，民营制造企业的规模一般来说都比较小，发展时间也较短，企业管理水平普遍较低，管理层深刻认识到文化建设是企业的根基，在推行精益数字化的过程中也只有为企业培养精益数字化文化，并以此为指引让全体员工深刻领悟精益数字化思想，才能为之后的精益数字化推行奠定基础。并且民营传统制造企业非常看重专业人才的能力、经验和格局，倾向于通过专业经营团队提供的新思维方式、新观点来审视企业现状，设计切实可行又有所突破的方案。

四、稳健性检验

本章采用集合论的校准方法进行稳健性检验，即调整一致性阈值。一致性阈值决定进入组态分析的真值表的行数，当一致性阈值调高之后，纳入组态分析的真值表的行数将减少。理论上，得到的新组态将是调整之前组态的子集。本章将一致性阈值提高 0.05，即用 0.85 代替 0.80，使用更为严格的阈值再次展开分析，结果显示，调整前后的组态呈现清晰的子集关系，这表明本章的结果是稳健的。

第五节　结果分析

本章通过 ARAS – F 和 fsQCA 方法探究了国有和民营两种产权性质的传统制造型企业"点线面体"四个阶段推行精益数字化的影响因素以及因素间的多重并发因果关系。结果表明：

第一，"点线面体"阶段推行精益数字化的影响因素不同，因素之间存在一种多重并发因果关系，所有影响因素都不能单独作为高效或低效推行精益数字化的必要条件，需排列组合以组态的形式共同发挥作用。

第二，国有性质和民营性质的传统制造型企业对资源的运用逻辑存在差异，"点线面体"阶段均有多条精益数字化转型路径。每条精益数字化路径组态的一致性均高于 0.8，可以很好地解释精益数字化高效高质推行的原因。

第三，国有性质和民营性质的传统制造型企业精益数字化推行路径各有侧重。"点"阶段国有传统制造企业重视数字信息系统的全方位覆盖，民营传统制造企业顺利转型最重要的条件是现场物理实体与数字虚体双向动态交互；"线"阶段国有传统制造企业阶段需集成库存/生产/订单数据，民营传统制造企业必须重点关注柔性制造、并行工程；"面"阶段国有传统制造企业和民营传统制造企业均应首要关注供应链能否全面协同；"体"阶段国有传统制造企业需借助内外部专业经营管理团队的力量，民营传统制造企业除配备专业经营管理团队外，还需确保精益数字化文化的导入和落地。

本 章 小 结

本章探讨了国有性质和民营性质的传统制造型企业"点线面体"四个阶段的精益数字化多元推行路径。首先，从企业内部环境角度分别分析了传统制造型企业"点线面体"各阶段推行精益数字化的特征，运用 ARAS – F 方法依据特征重要性筛选出各阶段重要性排名前五的特征，将其作为各阶段推行精益数字化的内部影响因素，同时考虑外部政府扶持对各阶段精益数字化推行的影响。其次，将各阶段所有内外部影响因素视为精益数字化推行的前因变量，并分别分析"点线面体"各阶段的结果变量。最后，运用 fsQCA 分析了各阶段前因变量与结果变量间的多重并发因果关系，得到了各阶段精益数字化的多元推行路径。

第六章

产权异质下传统制造型企业
精益数字化推行水平评估

企业在解决了精益数字化推行中"去做"与"如何做"的问题后，还需进行的必要环节就是评估"做得怎么样"，必须清楚推行工作进行到了什么程度以及改善效果怎么样，科学评估企业的精益数字化路径方案的推行水平，是企业全面了解推行现状、发现问题、寻找差距，并进行反馈、纠偏的重要手段。本章进行了精益数字化推行水平评估的指标体系与方法研究，分别评估并对比了国有性质与民营性质案例企业的推行效果，不仅提供了合理的评价指标体系与模型，还进一步验证了多元推行路径的科学性。

第一节　精益数字化推行水平评估指标
体系构建及评估标准确定

一、精益数字化推行水平评估指标体系构建

精益数字化是在精益生产与管理实践内引入数字化手段，强调二者的有机互动和双向支持。精益数字化是从思想到行动、从生产信息到生产管理的系统性变革过程，这也进一步决定了精益数字化推行需紧紧围绕"点线面体"四个阶段同步突破，即由点及面着眼于企业的生产管理各环节。

本章结合传统制造型企业的行业特征、《中国制造业企业数字化实践白

皮书》和德国"工业4.0"的要求，立足于精益数字化的基本内涵，从"点线面体"四个阶段构建精益数字化推行水平的评估指标体系，见表6-1前3列。

表6-1　　　　　　企业精益数字化推行水平评估指标与等级标准

阶段	评价指标		精益数字化等级水平				
	一级指标	二级指标	很高（Ⅴ）	较高（Ⅳ）	一般（Ⅲ）	较低（Ⅱ）	低（Ⅰ）
点	现场物理实体与数字虚体双向动态交互 PO_1	虚拟模型获取参数/属性实时性 PO_{11}	> 90	80 ~ 90	70 ~ 80	60 ~ 70	≤60
		虚拟模型获取参数/属性准确性 PO_{12}	> 90	80 ~ 90	70 ~ 80	60 ~ 70	≤60
		物理实体与虚拟模型的耦合时效性 PO_{13}	> 90	80 ~ 90	70 ~ 80	60 ~ 70	≤60
	数字信息系统全方位覆盖 PO_2	技术及设备的先进性 PO_{21}	> 90	80 ~ 90	70 ~ 80	60 ~ 70	≤60
		技术及设备的覆盖度 PO_{22}	> 90	80 ~ 90	70 ~ 80	60 ~ 70	≤60
	员工积极参与现场改善 PO_3	员工工作忠诚度 PO_{31}	> 90	80 ~ 90	70 ~ 80	60 ~ 70	≤60
		员工工作专注度 PO_{32}	> 90	80 ~ 90	70 ~ 80	60 ~ 70	≤60
		员工工作效率 PO_{33}	> 90	80 ~ 90	70 ~ 80	60 ~ 70	≤60
	现场冗余检验与判断机制 PO_4	现场冗余检验与判断的及时性 PO_{41}	> 90	80 ~ 90	70 ~ 80	60 ~ 70	≤60
		现场冗余检验与判断的准确性 PO_{42}	> 90	80 ~ 90	70 ~ 80	60 ~ 70	≤60
	安装/布局/巡检/维护可视化 PO_5	可视化设计能力 PO_{51}	> 90	80 ~ 90	70 ~ 80	60 ~ 70	≤60
		可视化工具完备性 PO_{52}	> 90	80 ~ 90	70 ~ 80	60 ~ 70	≤60
		可视化工具运用水平 PO_{53}	> 90	80 ~ 90	70 ~ 80	60 ~ 70	≤60

阶段	评价指标		精益数字化等级水平				
	一级指标	二级指标	很高（Ⅴ）	较高（Ⅳ）	一般（Ⅲ）	较低（Ⅱ）	低（Ⅰ）
线	全员参与自动化生产 LI_1	员工参与积极性 LI_{11}	> 90	80 ~ 90	70 ~ 80	60 ~ 70	≤60
		全员参与形式多样性 LI_{12}	> 90	80 ~ 90	70 ~ 80	60 ~ 70	≤60
		全员参与激励措施完备性 LI_{13}	> 90	80 ~ 90	70 ~ 80	60 ~ 70	≤60
	人机物交互式无缝连接 LI_2	人机物智能交互程度 LI_{21}	> 90	80 ~ 90	70 ~ 80	60 ~ 70	≤60
		人机物交互网络共同决策与行为响应能力 LI_{22}	> 90	80 ~ 90	70 ~ 80	60 ~ 70	≤60
	集成库存/生产/订单数据 LI_3	生产信息流的双向传递能力 LI_{31}	> 90	80 ~ 90	70 ~ 80	60 ~ 70	≤60
		生产链运转效率 LI_{32}	> 90	80 ~ 90	70 ~ 80	60 ~ 70	≤60
	生产参数实时优化 LI_4	设备月均利用率 LI_{41}	> 80	70 ~ 80	60 ~ 70	50 ~ 60	≤50
		订单平均等待时间（min）LI_{42}	≤5	5 ~ 20	20 ~ 60	60 ~ 120	> 120
		计划外的生产停顿/错误可控性 LI_{43}	> 90	80 ~ 90	70 ~ 80	60 ~ 70	≤60
	柔性并行工程 LI_5	快速开发产品能力 LI_{51}	> 90	80 ~ 90	70 ~ 80	60 ~ 70	≤60
		满足客户的多样化产品生产能力 LI_{52}	> 90	80 ~ 90	70 ~ 80	60 ~ 70	≤60
		产品生产敏捷性 LI_{53}	> 90	80 ~ 90	70 ~ 80	60 ~ 70	≤60
面	持续更新/维护/再利用流程数据 PL_1	旧有/偏差流程数据的识别能力 PL_{11}	> 90	80 ~ 90	70 ~ 80	60 ~ 70	≤60
		流程数据的质量水平 PL_{12}	> 90	80 ~ 90	70 ~ 80	60 ~ 70	≤60
	数字化流程标准化体系 PL_2	标准化体系与流程管理的匹配性 PL_{21}	> 90	80 ~ 90	70 ~ 80	60 ~ 70	≤60
		标准化体系的执行能力 PL_{22}	> 90	80 ~ 90	70 ~ 80	60 ~ 70	≤60

阶段	评价指标		精益数字化等级水平				
	一级指标	二级指标	很高（V）	较高（IV）	一般（III）	较低（II）	低（I）
面	流程规范化科学指导 PL_3	流程规范化策略/制度的健全性 PL_{31}	> 90	80 ~ 90	70 ~ 80	60 ~ 70	≤60
		流程高精度同步程度 PL_{32}	> 90	80 ~ 90	70 ~ 80	60 ~ 70	≤60
	供应链全面协同 PL_4	供应链主体信息协同水平 PL_{41}	> 90	80 ~ 90	70 ~ 80	60 ~ 70	≤60
		供应链主体业务协同水平 PL_{42}	> 90	80 ~ 90	70 ~ 80	60 ~ 70	≤60
		供应链主体协同抵御风险能力 PL_{43}	> 90	80 ~ 90	70 ~ 80	60 ~ 70	≤60
	全流程追溯管理 PL_5	流程全方位与大周期的密集管理水平 PL_{51}	> 90	80 ~ 90	70 ~ 80	60 ~ 70	≤60
		产品质量可控性 PL_{52}	> 90	80 ~ 90	70 ~ 80	60 ~ 70	≤60
体	智造持续改进机制和安全生产体系 CU_1	持续改进机制的完整与健全性 CU_{11}	> 90	80 ~ 90	70 ~ 80	60 ~ 70	≤60
		安全生产体系的完整与健全性 CU_{12}	> 90	80 ~ 90	70 ~ 80	60 ~ 70	≤60
	精益数字化文化导入与落地 CU_2	精益文化全员认同度 CU_{21}	> 90	80 ~ 90	70 ~ 80	60 ~ 70	≤60
		企业定位/发展思路/价值取向明确性 CU_{22}	> 90	80 ~ 90	70 ~ 80	60 ~ 70	≤60
		企业创新意识/降本增效理念强劲性 CU_{23}	> 90	80 ~ 90	70 ~ 80	60 ~ 70	≤60
		全员生产/管理行为合规性 CU_{24}	> 90	80 ~ 90	70 ~ 80	60 ~ 70	≤60

续表

阶段	评价指标		精益数字化等级水平				
	一级指标	二级指标	很高（Ⅴ）	较高（Ⅳ）	一般（Ⅲ）	较低（Ⅱ）	低（Ⅰ）
体	内外部专业咨询管理团队 CU_3	咨询团队专业能力完备性 CU_{31}	> 90	80～90	70～80	60～70	≤60
		咨询预期目标达成度 CU_{32}	> 90	80～90	70～80	60～70	≤60
		咨询计划/战略/方案可操性 CU_{33}	> 90	80～90	70～80	60～70	≤60
		内外部团队咨询工作协作程度 CU_{34}	> 90	80～90	70～80	60～70	≤60
	复合型员工定向培训 CU_4	数字化技术/精益文化员工培训次数（年）CU_{41}	> 36	24～36	12～24	6～12	≤6
		数字化技术/精益文化员工培训参与程度 CU_{42}	> 90	80～90	70～80	60～70	≤60
	动态科学人力配置 CU_5	组织结构合理性 CU_{51}	> 90	80～90	70～80	60～70	≤60
		员工配置方式合理性 CU_{52}	> 90	80～90	70～80	60～70	≤60
		员工与岗位的匹配性 CU_{53}	> 90	80～90	70～80	60～70	≤60
		人岗动态调节有效性 CU_{54}	> 90	80～90	70～80	60～70	≤60

二、精益数字化推行水平评估标准确定

科学确定指标的评估标准是得出合理结论的第一步，考虑到精益数字化推行水平具有相对模糊性的特点，本章根据模糊集理论，将指标划分为"很高、较高、一般、较低、低"5 个等级。为使评估结果能较为科学地反映样本企业与转型标杆企业间的差距，定量指标的具体分级标准设定参照相关政策文件要求以及精益数字化推行表现出色的企业在相应指标上的表现，如日本丰田汽车公司、中国美的集团、中国蒲惠智造科技有限公司等；而定性指标的等级划分为简便起见，选定 4 个区间分割点，分别为 60 分、70分、80 分、90 分，划分成 5 个得分区间。此外，为使等级划分标准更贴近企业实际，在等级标准确定过程中结合了精益专家的知识和经验，专家对标

准划分给予了帮助和指导，进一步确保了评估标准划分的合理性。根据指标类型及获取方法的不同，将指标分为定量指标和定性指标分别进行阈值确定。经综合分析确定，等级标准划分详情如表 6 – 1 所示。

第二节　精益数字化推行水平评估模型构建

本章基于直觉模糊熵和模糊集对分析（FSPA）构建精益数字化推行水平评估模型。直觉模糊熵是确定指标权重的重要方法，其中数据来源是专家对各指标的问卷评分结果，如非常重要、重要、一般等，将此类模糊语言标度转化为直觉模糊数的转化标准参照相关文献（Boran，2009），直觉模糊数见表 6 – 2。而模糊集对分析是研究不确定性问题的重要方法，其充分考虑了等级边界的模糊性和指标的权重，从而使评估结果更加稳定合理（Zhao，1992）。本章依据 FSPA 理论对精益数字化推行水平进行评估，在张洪亮和牛占文（2013）应用的集对评价模型基础上，考虑到专家打分的主观性，将专家打分设为区间打分。为更好地考量指标的不确定性，运用模糊联系度公式计算指标集对联系数。该方法的整体运用思路为：首先，专家依据各指标的区间标准对企业各指标的现状进行模糊打分；其次，应用未确知有理数法对各专家的打分结果进行加权；最后，依次计算二级指标、一级指标、综合评价集对联系数，进而确定精益数字化推行的等级水平。

表 6 – 2　　　　　　　　　模糊语言术语与相应的直觉模糊数

模糊语言术语（X）	INFs = $[\mu(x), v(x)]$
非常重要（VI）	[0.90，0.10]
重要（I）	[0.75，0.20]
一般（G）	[0.50，0.45]
不重要（U）	[0.35，0.60]
非常不重要（VU）	[0.10，0.90]

假设有 m 位专家或企业管理评分人员、n 个评价指标，模型的计算步骤

具体如下：

第一步：构建直觉模糊矩阵。首先，将专家的模糊评价语言标度转化为直觉模糊数，转化标准如表6-2所示。其次，根据转化的各位专家对每个指标的评价直觉模糊数，构建直觉模糊矩阵 A，A 中的元素为 a_{ij}，$a_{ij} = [\mu_{ij}, \nu_{ij}]$，其中 μ_{ij} 为隶属度、ν_{ij} 为非隶属度。

$$A = \begin{Bmatrix} [\mu_{11}, \nu_{11}] & \cdots & [\mu_{1k_2}, \nu_{1k_2}] & \cdots & [\mu_{1n}, \nu_{1n}] \\ & & \cdots & & \\ [\mu_{k_11}, \nu_{k_11}] & \cdots & [\mu_{k_1k_2}, \nu_{k_1k_2}] & \cdots & [\mu_{k_1n}, \nu_{k_1n}] \\ & & \cdots & & \\ [\mu_{m1}, \nu_{m1}] & \cdots & [\mu_{mk_2}, \nu_{mk_2}] & \cdots & [\mu_{mn}, \nu_{mn}] \end{Bmatrix} \quad (6.1)$$

第二步：构建模糊区间决策矩阵。将直觉模糊矩阵转化为模糊区间决策矩阵 R，R 中的元素为 r_{ij}，$r_{ij} = [r_{ij}^-, r_{ij}^+]$，其中 $r_{ij}^- = \mu_{ij}$，$r_{ij}^+ = 1 - \nu_{ij}$。

$$R = \begin{Bmatrix} [r_{11}^-, r_{11}^+] & \cdots & [r_{1k_2}^-, r_{1k_2}^+] & \cdots & [r_{1n}^-, r_{1n}^+] \\ & & \cdots & & \\ [r_{k_11}^-, r_{k_11}^+] & \cdots & [r_{k_1k_2}^-, r_{k_1k_2}^+] & \cdots & [r_{k_1n}^-, r_{k_1n}^+] \\ & & \cdots & & \\ [r_{m1}^-, r_{m1}^+] & \cdots & [r_{mk_2}^-, r_{mk_2}^+] & \cdots & [r_{mn}^-, r_{mn}^+] \end{Bmatrix} \quad (6.2)$$

第三步：确定指标客观权重取值范围。首先，将模糊区间决策矩阵 R 标准化，标准化矩阵的元素依据以下两个公式得到：

$$f_{ij}^- = r_{ij}^- / \sum_{j=1}^n r_{ij}^- \quad (6.3)$$

$$f_{ij}^+ = r_{ij}^+ / \sum_{j=1}^n r_{ij}^+ \quad (6.4)$$

其次，依据以下两个公式计算标准化矩阵各元素区间数的信息熵：

$$H_j^- = -\frac{1}{\ln m} \sum_{i=1}^m (f_{ij}^- \ln f_{ij}^-) \quad (6.5)$$

$$H_j^+ = -\frac{1}{\ln m} \sum_{i=1}^m (f_{ij}^+ \ln f_{ij}^+) \quad (6.6)$$

最后，根据式（6.7）~式（6.10）确定各指标的客观权重取值范围 $[\omega_{o(j)}^-, \omega_{o(j)}^+]$：

$$\omega_{o(j)}^{a} = (1 - H_j^-) / (n - \sum_{j=1}^{n} H_j^-) \qquad (6.7)$$

$$\omega_{o(j)}^{b} = (1 - H_j^+) / (n - \sum_{j=1}^{n} H_j^+) \qquad (6.8)$$

$$\omega_{o(j)}^{-} = \min(\omega_{o(j)}^{a}, \ \omega_{o(j)}^{b}) \qquad (6.9)$$

$$\omega_{o(j)}^{+} = \max(\omega_{o(j)}^{a}, \ \omega_{o(j)}^{b}) \qquad (6.10)$$

第四步：确定各指标最优客观权重。构建如下线性规划目标函数，运用 Matlab 求得最优权重向量，即客观权重 $\omega_{o(j)} = (\omega_{o(1)}, \ \omega_{o(2)}, \ \cdots, \ \omega_{o(n)})$。

$$\min Z = \sum_{j=1}^{n} \sum_{i=1}^{m} \frac{\omega_{o(j)}(\min(\mu_{ij}, \ \nu_{ij}) + \pi_{ij})}{\max(\mu_{ij}, \ \nu_{ij}) + \pi_{ij}}$$

$$\text{s. t.} \begin{cases} \omega_{o(j)}^{-} \leqslant \omega_{o(j)} \leqslant \omega_{o(j)}^{+} \\ \sum_{j=1}^{n} \omega_{o(j)} = 1 \\ \omega_{o(j)} \geqslant 0 \end{cases} \qquad (6.11)$$

第五步：确定各指标的主观权重。假设各位专家的评分重要性一样，即各位专家的权重 λ_i 一样，即 $\lambda_i = 1/m$，则各指标的主观权重 $\omega_{s(j)}$ 通过如下公式算得：

$$\omega_{s(j)} = \frac{\hat{\mu_j} + \hat{\pi_j}(\frac{\hat{\mu_j}}{\hat{\mu_j} + \hat{\nu_j}})}{\sum_{j=1}^{n} \left(\hat{\mu_j} + \hat{\pi_j}(\frac{\hat{\mu_j}}{\hat{\mu_j} + \hat{\nu_j}}) \right)} \qquad (6.12)$$

其中：

$$\hat{\mu_j} = 1 - \prod_{i=1}^{m} (1 - \mu_j^{(i)})^{\lambda_i} \qquad (6.13)$$

$$\hat{\nu_j} = \prod_{i=1}^{m} (\nu_j^{(i)})^{\lambda_i} \qquad (6.14)$$

$$\hat{\pi_j} = 1 - \hat{\mu_j} - \hat{\nu_j} \qquad (6.15)$$

第六步：确定各指标综合权重。根据下式计算各指标综合权重：

$$\omega_{(j)} = \partial \omega_{s(j)} + (1 - \partial) \omega_{o(j)} \qquad (6.16)$$

式（6.16）表示指标的综合权重由客观权重与主观权重共同决定，∂ 表示客观权重与主观权重在综合权重中的占比。

第七步：确定二级指标集对分析联系数。将二级评价指标区分为成本性指标和效益性指标，利用模糊联系度公式计算各二级评价指标的集对分析联系数，根据 5 个评价等级计算五元联系数。其中，对于效益性指标，指标测量值在分级标准下的联系数表达式为：

$$\mu_{st} = \begin{cases} 1 + 0i_1 + 0i_2 + 0i_3 + 0j; & x_t \geqslant s_1 \\[2mm] \dfrac{2x_t - s_1 - s_2}{s_1 - s_2} + \dfrac{2s_1 - 2x_t}{s_1 - s_2}i_1 + 0i_2 + 0i_3 + 0j; & \dfrac{s_1 + s_2}{2} \leqslant x_t < s_1 \\[2mm] 0 + \dfrac{2x_t - s_2 - s_3}{s_1 - s_3}i_1 + \dfrac{s_1 + s_2 - 2x_t}{s_1 - s_3}i_2 + 0i_3 + 0j; & \dfrac{s_2 + s_3}{2} \leqslant x_t < \dfrac{s_1 + s_2}{2} \\[2mm] 0 + 0i_1 + 0i_2 + \dfrac{2x_t - 2s_4}{s_3 - s_4}i_3 + \dfrac{s_3 + s_4 - 2x_t}{s_3 - s_4}j; & s_4 \leqslant x_t < \dfrac{s_2 + s_3}{2} \\[2mm] 0 + 0i_1 + 0i_2 + 0i_3 + 1j; & x_t < s_4 \end{cases}$$

(6.17)

对于成本性指标，指标测量值在分级标准下的联系数表达式为：

$$\mu_{st} = \begin{cases} 1 + 0i_1 + 0i_2 + 0i_3 + 0j; & x_t \leqslant s_1 \\[2mm] \dfrac{s_1 + s_2 - 2x_t}{s_2 - s_1} + \dfrac{2x_t - 2s_1}{s_2 - s_1}i_1 + 0i_2 + 0i_3 + 0j; & s_1 < x_t \leqslant \dfrac{s_1 + s_2}{2} \\[2mm] 0 + \dfrac{s_2 + s_3 - 2x_t}{s_3 - s_1}i_1 + \dfrac{2x_t - s_1 - s_2}{s_3 - s_1}i_2 + 0i_3 + 0j; & \dfrac{s_1 + s_2}{2} < x_t \leqslant \dfrac{s_2 + s_3}{2} \\[2mm] 0 + 0i_1 + 0i_2 + \dfrac{2s_4 - 2x_t}{s_4 - s_3}i_3 + \dfrac{2x_t - s_3 - s_4}{s_4 - s_3}j; & \dfrac{s_2 + s_3}{2} < x_t \leqslant s_4 \\[2mm] 0 + 0i_1 + 0i_2 + 0i_3 + 1j; & s_4 < x_t \end{cases}$$

(6.18)

式（6.17）与式（6.18）中，s_1、s_2、s_3、s_4、s_5 分别为 1~5 级分级标准的限值，x_t 为各评价指标的实际值，μ_{st} 的下标 s 为第 s 个指标，t 为第 s 个一级指标下的第 t 个二级指标。

第八步：确定一级指标集对分析联系数。计算公式如下：

$$\mu_s = r_{s1} + r_{s2}i_1 + r_{s3}i_2 + r_{s4}i_3 + r_{s5}j \tag{6.19}$$

$$r_{sk} = \sum_{t=1}^{h} \omega_{st} r_{stk} \, (0 \leqslant k \leqslant 5) \tag{6.20}$$

式（6.20）中，r_{sk} 为一级指标相对于评价等级的联系数分量，ω_{st} 为一级指标下二级子系统中各指标的权重，r_{stk} 为相应的二级指标联系数分量。

第九步：确定被评价对象的综合评价集对分析联系数。计算公式如下：

$$\mu = r_1 + r_2 i_1 + r_3 i_2 + r_4 i_3 + r_5 j \tag{6.21}$$

$$r_k = \sum_{s=1}^{h} \omega_s r_{sk} (0 \leqslant k \leqslant 5) \tag{6.22}$$

式（6.22）中，r_k 为各评价等级的联系数分量，r_{stk} 为一级指标的权重，r_{sk} 为相应的一级指标的联系数分量。

第十步：确定被评价对象精益数字化等级水平。根据集对分析联系数的均分原则，将落在区间 [−1, 1] 内的联系数 i_1、i_2、i_3、j 等分为 4 份，从左到右的 4 等分点依次为 j、i_3、i_2、i_1。如 $j = −1$ 时，那么 $i_3 = −0.5$，$i_2 = 0$，$i_1 = 0.5$，此时就可以算出二级评价指标、一级评价指标、综合评价系统 3 个层次的联系数主值。根据划分的等级标准，同样再将区间 [−1, 1] 划分为 5 等份，从左到右依次为 Ⅰ级、Ⅱ级、Ⅲ级、Ⅳ级、Ⅴ级，分别代表低、较低、一般、较高与很高 5 个水平类别，最后将综合联系数与 5 个等级区间相对比，确定企业精益数字化当前推行的等级水平。

第三节 案 例 应 用

本章分别选择国有性质的 A 传统制造企业与民营性质的 B 传统制造企业，对二者的精益数字化路径方案的推行水平进行了科学评估。

A 企业目前拥有纺织基础产业和战略新兴产业两大板块，传统的纺织产业是新兴产业的支撑基础，高科技的新兴产业是传统产业的战略引领，该企业逐渐由劳动密集型的传统纺织企业升级到具有互联网时代特征的"智能纺"水平，并实现了弯道超越。2014 年 A 企业开始实施以"智能化引领，精益化支撑"为核心的"智能纺"战略性项目，将现有的纺织自动化与现代互联网、物联网等融合，把人、机器、原料、工艺、环境和产品等要素，通过数字化、网络化、智能化变成有机统一的大系统。为进一步落实集团"智能化引领，精益化支撑"战略项目，围绕一个中心、二化战略、三品工程，聚焦利润率提升、改善企业浪费环节，进一步培养全员"三现主义"，培养支援服务现场意识，形成跨部门团队协作氛围，培养全员发现问题和解决问题的能力，2017 年 A 企业在"智能纺"开展"大野耐一圈"活动，通过"大野耐一圈"活动培养了管理人员现地、现物发现问题解决问题的能力，提高了全员参与改善的积极性，在智能制造方面进行了积极探索。

B 企业是一家传统服装制造企业，企业经过多次的生产线改造、产业模式与组织架构变革，探索出了新技术、新业态与新模式。2013 年推出了以顾客需求为中心的个性化定制生产模式以及 C2M 商业生态，得益于大数据的驱动，B 企业实现了以工业化的手段、效率、成本制造个性化产品的能力，相比传统定制工厂极大地缩短了生产与交货周期。从工业化到个性化，从简单重复到智能制造，B 企业正验证着"互联网 + 实体经济"在数字化转型变革中的影响力，与此同时，不断向外界输出可复制的精益数字化生产经验与体系。近年来，该企业充分运用校企合作、企业培训基地、在线学习平台等多种资源，搭建起了领导力、企业文化、精益、质量等多个模块培训体系，开展面向不同群体的多样化培训，并借助于与国际企业合作取长补短，紧紧围绕自动化、数字化、人机交互视频化三方面向高质量转变，研讨客户满意核心价值观统领下的生态建设，推进企业智能转型。未来，B 企业将着重于"从制造端的复制"和"消费者端的建设"两方面打造"从一到 N"的裂变。

一、产权异质企业精益数字化推行水平评估指标权重的确定

为确定两种产权性质的传统制造型企业精益数字化推行水平评估指标权重，依据精益数字化推行过程中指标的相对重要性，邀请 5 名评分人员采用 5 分计数法对指标评分，并运用式（6.1）~式（6.16）分别计算两种产权性质企业"点线面体"各阶段所有指标的权重，本章令主观权重 $\omega_{s(j)}$ = 0.95，权重计算结果如表 6 – 3 所示。

表 6 – 3　国有与民营性质传统制造企业精益数字化推行水平评估指标权重

阶段	一级指标	综合权重		二级指标	局部权重		综合权重	
		国有	民营		国有	民营	国有	民营
点	PO_1	0.0426	0.0531	PO_{11}	0.3012	0.3305	0.0160	0.0195
				PO_{12}	0.3573	0.3401	0.0190	0.0200
				PO_{13}	0.3415	0.3294	0.0181	0.0194
	PO_2	0.0525	0.0458	PO_{21}	0.4726	0.5009	0.0181	0.0195
				PO_{22}	0.5274	0.4991	0.0202	0.0194

阶段	一级指标	综合权重		二级指标	局部权重		综合权重	
		国有	民营		国有	民营	国有	民营
点	PO_3	0.0513	0.0531	PO_{31}	0.3327	0.2815	0.0196	0.0158
				PO_{32}	0.3334	0.3464	0.0196	0.0195
				PO_{33}	0.3339	0.3721	0.0197	0.0209
	PO_4	0.0481	0.0458	PO_{41}	0.4908	0.5072	0.0190	0.0200
				PO_{42}	0.5092	0.4928	0.0197	0.0195
	PO_5	0.0498	0.0458	PO_{51}	0.3385	0.3421	0.0190	0.0194
				PO_{52}	0.3237	0.3157	0.0181	0.0179
				PO_{53}	0.3379	0.3422	0.0189	0.0194
线	LI_1	0.0512	0.0495	LI_{11}	0.3370	0.3769	0.0207	0.0209
				LI_{12}	0.3193	0.2850	0.0196	0.0158
				LI_{13}	0.3437	0.3381	0.0211	0.0188
	LI_2	0.0512	0.0509	LI_{21}	0.4753	0.4667	0.0171	0.0180
				LI_{22}	0.5247	0.5333	0.0189	0.0205
	LI_3	0.0535	0.0531	LI_{31}	0.4996	0.4832	0.0189	0.0187
				LI_{32}	0.5004	0.5168	0.0190	0.0200
	LI_4	0.0498	0.0495	LI_{41}	0.3342	0.3220	0.0190	0.0170
				LI_{42}	0.3195	0.3560	0.0181	0.0188
				LI_{43}	0.3463	0.3220	0.0196	0.0170
	LI_5	0.0436	0.0521	LI_{51}	0.3077	0.3476	0.0155	0.0194
				LI_{52}	0.3169	0.3483	0.0160	0.0194
				LI_{53}	0.3754	0.3041	0.0189	0.0170
面	PL_1	0.0512	0.0521	PL_{11}	0.5110	0.4970	0.0190	0.0192
				PL_{12}	0.4890	0.5030	0.0181	0.0194
	PL_2	0.0498	0.0495	PL_{21}	0.5000	0.4970	0.0202	0.0188
				PL_{22}	0.5000	0.5030	0.0202	0.0195
	PL_3	0.0498	0.0458	PL_{31}	0.5426	0.4825	0.0190	0.0158
				PL_{32}	0.4574	0.5175	0.0160	0.0170

续表

阶段	一级指标	综合权重		二级指标	局部权重		综合权重	
		国有	民营		国有	民营	国有	民营
面	PL_4	0.0525	0.0521	PL_{41}	0.3439	0.3412	0.0189	0.0194
				PL_{42}	0.3446	0.3299	0.0190	0.0188
				PL_{43}	0.3115	0.3289	0.0171	0.0187
	PL_5	0.0513	0.0478	PL_{51}	0.5222	0.5000	0.0207	0.0195
				PL_{52}	0.4778	0.5000	0.0190	0.0195
体	CU_1	0.0525	0.0478	CU_{11}	0.5092	0.4890	0.0197	0.0180
				CU_{12}	0.4908	0.5110	0.0190	0.0188
	CU_2	0.0497	0.0521	CU_{21}	0.2355	0.2680	0.0171	0.0200
				CU_{22}	0.2490	0.2403	0.0181	0.0179
				CU_{23}	0.2665	0.2514	0.0194	0.0188
				CU_{24}	0.2490	0.2403	0.0181	0.0179
	CU_3	0.0525	0.0521	CU_{31}	0.2428	0.2624	0.0181	0.0209
				CU_{32}	0.2428	0.2513	0.0181	0.0200
				CU_{33}	0.2713	0.2513	0.0202	0.0200
				CU_{34}	0.2431	0.2350	0.0181	0.0187
	CU_4	0.0513	0.0509	CU_{41}	0.4996	0.4832	0.0207	0.0187
				CU_{42}	0.5004	0.5168	0.0207	0.0200
	CU_5	0.0460	0.0509	CU_{51}	0.2445	0.2174	0.0190	0.0158
				CU_{52}	0.2339	0.2332	0.0181	0.0170
				CU_{53}	0.2610	0.2819	0.0202	0.0205
				CU_{54}	0.2606	0.2675	0.0202	0.0195

二、案例企业的精益数字化推行水平评估

整理分析 A 企业与 B 企业推行精益数字化的相关文本资料，根据 A 企业与 B 企业推行精益数字化的措施、表现和侧重点，逆向匹配 A 企业与 B 企业在"点线面体"阶段所对应的路径。分析可知，A 企业"点线面体"阶段的路径分别为：G * PO_2 * PO_5；G * LI_1 * LI_3；G * ~ PL_1 * PL_2 * PL_5；

$G * CU_3 * CU_4 * CU_5$；B 企业"点线面体"阶段的路径分别为：$G * PO_1 * PO_2$；$G * LI_1 * LI_4 * LI_5$；$G * PL_1 * PL_4 * \sim PL_5$；$G * CU_2 * CU_3 * CU_5$。A 企业与 B 企业各阶段的具体路径表现见表 6 – 4。

表 6 – 4　　A 企业和 B 企业各阶段精益数字化推行路径及相应表现

案例企业	政府扶持 G	推行阶段	路径要素	相应表现
A 企业	县委县政府把智能纺项目列为重点项目，给予了全程帮扶支持	点	PO_2	小微再造模式及智慧工厂管理系统；智能纺核心；SFMS 系统平台；MES 系统；智能排产 APS
			PO_5	车间智能化管理系统对每个工序和作业点的可视化监控
		线	LI_2	员工根据工艺参数的在线监测、数据显示、集中控制与网络监控动态调整生产过程
			LI_3	实施订单为核心、数据驱动的业务模式；进行生产相关数据分类分级
		面	PL_2	标准化的管理体系；统一的数据标准
			PL_5	生产状态远程监控；产量报表自动生成；质量数据实时监视；订单实时跟踪
		体	CU_3	聘请外部咨询团队
			CU_4	定期举办符合公司实际发展需要的专题培训，如技能提升培训、改革技术培训
			CU_5	人才留育机制
B 企业	"政府管家团队"的扶持；所在城市"18 + N"惠企政策体系	点	PO_1	通过 App 或线下量体、线上平台下单将数据自动传输到制造商（M 端），系统根据逻辑匹配规则自动分解任务，进行全自动化智能生产；数字孪生
			PO_2	数据建模的智能研发系统；源点论数据工程；云计算技术；网络云端全覆盖；版型/面料/工艺/款式数据库；全程数据驱动

案例企业	政府扶持 G	推行阶段	路径要素	相应表现
B 企业	"政府管家团队"的扶持；所在城市"18 + N"惠企政策体系	线	LI_1	细胞单元的员工之间紧密合作，形成互补效应全员在互联网端点上工作；"酷特云蓝治理之道"
			LI_4	全要素在线实时交互协同，同步优化；系统间的自驱动、自激活，数据的自更新；原料联网更新
			LI_5	根据顾客的个性化需求与工序的实时生产情况，动态调整、规划和配置生产任务；柔性并行生产
		面	PL_1	版型数据库、款式数据库、工艺数据库和 BOM 数据库中的数据实时更新，充分利用最新和回溯数据
			PL_4	供应合作企业间的大数据系统信息共享
		体	CU_2	践行科学的企业治理思想，创造全新的价值体系
			CU_3	内部有专业的工业工程/精益咨询团队，并向外部提供解决方案和培训、咨询等服务
			CU_5	层级化管理变为平台化管理；极致扁平化；无障碍点对点

（一）定性指标的预处理

定量指标数据源于案例企业的真实数据；定性指标源于精益管理专家和企业管理人员的模糊评分，在模糊评分的基础上借助未确知有理数法确定具体分值。假设评分人员的可信度均一样，设可信度 $\lambda = 0.5$，分别邀请 5 位 A 企业和 B 企业的精益管理咨询专家及高层管理人员依据指标等级标准对两个企业在所有定性指标上的表现进行模糊评分。未确知有理数确定精确分值的方法具体为：以 A 企业的定性指标 PO_1 为例，5 位评分人员对该指标依次评分给出的分值区间分别为 [80 ~ 83]、[81 ~ 85]、[85 ~ 87]、[83 ~ 85]、[83 ~ 86]，先对分值区间重新整理得到没有交集的新得分区间，再根据比例分配法确定新得分区间的可信度，利用新得分区间和算得的可信度表示该指标的未确知有理数，见式（6.23）：

$$f(x) = \begin{cases} 0.07, & x = [80, 81] \\ 0.23, & x = (81, 83] \\ 0.43, & x = (83, 85] \\ 0.17, & x = (85, 86] \\ 0.10, & x = (86, 87] \\ 0, & 其他 \end{cases} \quad (6.23)$$

最后计算出未确知有理数的期望值为 83.80 分，该期望值即为该定性指标的精确评分。

（二）精益数字化推行水平评估

依据未确知有理数法算出案例企业定性指标的得分，具体得分详见表6-5。

表6-5　　A企业和B企业精益数字化推行水平二级定性指标得分

指标	得分		指标	得分	
	A企业	B企业		A企业	B企业
PO_{11}	83.80	86.00	LI_{12}	76.90	86.70
PO_{12}	85.80	86.20	LI_{13}	84.10	91.40
PO_{13}	80.20	87.40	LI_{21}	83.90	84.20
PO_{21}	85.70	89.20	LI_{22}	82.90	86.10
PO_{22}	87.40	87.40	LI_{31}	86.60	85.10
PO_{31}	75.90	75.10	LI_{32}	86.40	83.50
PO_{32}	74.90	78.80	LI_{43}	82.00	83.90
PO_{33}	73.40	82.00	LI_{51}	80.20	84.60
PO_{41}	82.60	74.70	LI_{52}	84.70	87.70
PO_{42}	83.30	82.50	LI_{53}	84.60	81.60
PO_{51}	86.60	85.00	PL_{11}	83.40	88.00
PO_{52}	87.80	86.30	PL_{12}	84.00	89.70
PO_{53}	87.92	88.13	PL_{21}	84.20	81.70
LI_{11}	76.70	85.90	PL_{22}	83.20	74.30

续表

指标	得分		指标	得分	
	A 企业	B 企业		A 企业	B 企业
PL_{31}	82.80	85.00	CU_{23}	84.10	90.60
PL_{32}	76.90	81.20	CU_{24}	84.20	85.70
PL_{41}	81.50	84.60	CU_{31}	89.30	90.30
PL_{42}	82.00	85.50	CU_{32}	85.60	86.70
PL_{43}	83.60	85.40	CU_{33}	91.60	92.90
PL_{51}	84.95	89.60	CU_{34}	85.20	85.60
PL_{52}	83.50	92.00	CU_{42}	88.10	80.80
CU_{11}	86.10	85.50	CU_{51}	85.80	86.90
CU_{12}	83.50	85.90	CU_{52}	85.30	87.80
CU_{21}	87.80	88.60	CU_{53}	87.10	90.40
CU_{22}	84.00	87.80	CU_{54}	85.50	89.33

根据案例企业 2020 年相关数据资料填写定量指标数值，见表 6 - 6。

表 6 - 6　　A 企业和 B 企业精益数字化推行水平二级定量指标得分

指标	A 企业	B 企业
LI_{41}	73.60	78.50
LI_{42}	80	30
CU_{41}	14	9

注：月均设备利用率 $= \dfrac{\sum\limits_{i=1}^{12} 每月实际开机总台数／设备总台数 \times 当月天数}{12} \times 100\%$。

根据式（6.17）~式（6.22）分别计算 A 企业与 B 企业"点线面体"阶段的一级指标以及综合评价下的集对分析联系数以及当前推行等级水平，见表 6 - 7。

表6–7　A企业与B企业精益数字化推行水平的联系数主值与等级水平

企业	阶段	一级指标集对分析联系数	联系数主值	等级	当前水平	过去水平
A企业	点	$\mu_{PO_1} = 0.0572 + 0.7427i_1 + 0.2001i_2 + 0i_3 + 0j$	0.4285	IV	较高	较高
		$\mu_{PO_2} = 0.3193 + 0.6807i_1 + 0i_2 + 0i_3 + 0j$	0.6597	V	很高	较高
		$\mu_{PO_3} = 0 + 0.0299i_1 + 0.3028i_2 + 1.8884i_3 - 1.2211j$	0.2919	IV	较高	一般
		$\mu_{PO_4} = 0 + 0.7956i_1 + 0.2044i_2 + 0i_3 + 0j$	0.3978	IV	较高	较高
		$\mu_{PO_5} = 0.4870 + 0.5130i_1 + 0i_2 + 0i_3 + 0j$	0.7435	V	很高	一般
	线	$\mu_{LI_1} = 0 + 0.4307i_1 + 0.5693i_2 + 0i_3 + 0j$	0.2154	IV	较高	一般
		$\mu_{LI_2} = 0 + 0.8375i_1 + 0.1625i_2 + 0i_3 + 0j$	0.4188	IV	较高	较高
		$\mu_{LI_3} = 0.3000 + 0.7000i_1 + 0i_2 + 0i_3 + 0j$	0.6500	V	很高	较高
		$\mu_{LI_4} = 0 + 0.5265i_1 + 0.1537i_2 + 0.4263i_3 - 0.1065j$	0.1566	III	一般	一般
		$\mu_{LI_5} = 0 + 0.8278i_1 + 0.1722i_2 + 0i_3 + 0j$	0.4139	IV	较高	较高
	面	$\mu_{PL_1} = 0 + 0.8693i_1 + 0.1307i_2 + 0i_3 + 0j$	0.4347	IV	较高	较高
		$\mu_{PL_2} = 0 + 0.8700i_1 + 0.1300i_2 + 0i_3 + 0j$	0.4350	IV	较高	一般
		$\mu_{PL_3} = 0 + 0.5101i_1 + 0.4899i_2 + 0i_3 + 0j$	0.2551	IV	较高	一般
		$\mu_{PL_4} = 0 + 0.7326i_1 + 0.2674i_2 + 0i_3 + 0j$	0.3663	IV	较高	一般
		$\mu_{PL_5} = 0 + 0.9257i_1 + 0.0743i_2 + 0i_3 + 0j$	0.4629	IV	较高	较高
	体	$\mu_{CU_1} = 0.1120 + 0.8144i_1 + 0.0736i_2 + 0i_3 + 0j$	0.5192	IV	较高	一般
		$\mu_{CU_2} = 0.1319 + 0.7993i_1 + 0.0688i_2 + 0i_3 + 0j$	0.5315	IV	较高	较高
		$\mu_{CU_3} = 0.5190 + 0.4810i_1 + 0i_2 + 0i_3 + 0j$	0.7595	V	很高	较高
		$\mu_{CU_4} = 0.3102 + 0.1902i_1 + 0i_2 + 1.3323i_3 - 0.8327j$	0.5719	IV	较高	较高
		$\mu_{CU_5} = 0.1888 + 0.8112i_1 + 0i_2 + 0i_3 + 0j$	0.5944	IV	较高	一般
	综合评价	$\mu = 0.1238 + 0.6514i_1 + 0.1490i_2 + 0.1864i_3 - 0.1106j$	0.4669	IV	较高	一般
B企业	点	$\mu_{PO_1} = 0.3058 + 0.6942i_1 + 0i_2 + 0i_3 + 0j$	0.6529	V	很高	较高
		$\mu_{PO_2} = 0.6603 + 0.3397i_1 + 0i_2 + 0i_3 + 0j$	0.8302	V	很高	较高
		$\mu_{PO_3} = 0 + 0.3949i_1 + 0.6051i_2 + 0i_3 + 0j$	0.1975	III	一般	一般
		$\mu_{PO_4} = 0 + 0.3696i_1 + 0.1232i_2 + 1.4912i_3 - 0.9840j$	0.4232	IV	较高	较高
		$\mu_{PO_5} = 0.2965 + 0.7035i_1 + 0i_2 + 0i_3 + 0j$	0.6483	V	很高	较高

企业	阶段	一级指标集对分析联系数	联系数主值	等级	当前水平	过去水平
B企业	线	$\mu_{LI_1} = 0.5028 + 0.4972i_1 + 0i_2 + 0i_3 + 0j$	0.7514	V	很高	较高
		$\mu_{LI_2} = 0.1173 + 0.8454i_1 + 0.0373i_2 + 0i_3 + 0j$	0.5400	IV	较高	一般
		$\mu_{LI_3} = 0.0097 + 0.9128i_1 + 0.0775i_2 + 0i_3 + 0j$	0.4661	IV	较高	较高
		$\mu_{LI_4} = 0.2254 + 0.5126i_1 + 0.2620i_2 + 0i_3 + 0j$	0.4871	IV	较高	一般
		$\mu_{LI_5} = 0.1881 + 0.6946i_1 + 0.1173i_2 + 0i_3 + 0j$	0.5354	IV	较高	较高
	面	$\mu_{PL_1} = 0.7710 + 0.2290i_1 + 0i_2 + 0i_3 + 0j$	0.8855	V	很高	较高
		$\mu_{PL_2} = 0 + 0.3330i_1 + 0.1640i_2 + 0i_3 + 0j$	0.1665	III	一般	一般
		$\mu_{PL_3} = 0 + 0.8033i_1 + 0.1967i_2 + 0i_3 + 0j$	0.4017	IV	较高	一般
		$\mu_{PL_4} = 0.0593 + 0.9271i_1 + 0.0136i_2 + 0i_3 + 0j$	0.5229	IV	较高	较高
		$\mu_{PL_5} = 0.9600 + 0.0400i_1 + 0i_2 + 0i_3 + 0j$	0.9800	V	很高	较高
	体	$\mu_{CU_1} = 0.1409 + 0.8591i_1 + 0i_2 + 0i_3 + 0j$	0.5704	IV	较高	一般
		$\mu_{CU_2} = 0.6126 + 0.3874i_1 + 0i_2 + 0i_3 + 0j$	0.8063	V	很高	较高
		$\mu_{CU_3} = 0.6273 + 0.3727i_1 + 0i_2 + 0i_3 + 0j$	0.8137	V	很高	较高
		$\mu_{CU_4} = 0 + 0.2997i_1 + 0.2171i_2 + 0.4832i_3 + 0j$	0.0917	III	一般	一般
		$\mu_{CU_5} = 0.7269 + 0.2731i_1 + 0i_2 + 0i_3 + 0j$	0.8635	V	很高	一般
	综合评价	$\mu = 0.3399 + 0.5214i_1 + 0.0918i_2 + 0.0920i_3 - 0.0451j$	0.5997	IV	较高	一般

同样，分别邀请评分人员对 A 企业与 B 企业 2018 年（两年前）各阶段的精益数字化推行水平进行评分，按照式（6.17）~式（6.22）分别计算出 2018 年 A 企业与 B 企业"点线面体"阶段各部分的精益数字化推行水平，结果具体见表 6-7 最后一列。

第四节　结　果　分　析

从表 6-7 可以看出，相较于 2018 年，在 2020 年，A 企业与 B 企业"点线面体"阶段的精益数字化推行效果大致有了明显改善，与案例企业的现实情况基本吻合。具体，对于 A 企业对应的"点线面体"各阶段的路径要素，除 LI_2、PL_5、CU_4 改善效果不明显外，其余重点关注的要素均实现了"一般"到"较高"，以及"一般"或"较高"到"很高"的跨越。对于 B 企业对应的"点线面体"各阶段的路径要素，除 LI_5、PL_4 改善效果不明显外，其余重点关注的要素也实现了"一般"到"较高"，以及"一般"或"较高"到"很高"的跨越。此外，两个案例企业的精益数字化综合推行水平均由"一般"转为"较高"，总体来说，精益数字化推行均已取得不错的效果，这也进一步反向验证了第五章研究结果的可靠性。

本 章 小 结

本章构建了精益数字化推行水平评估模型。首先，构建了评估指标体系并确定了指标评估标准；其次，结合直觉模糊熵与模糊集对分析（FSPA）方法，构建了精益数字化推行水平评估模型；最后，分别选取国有性质与民营性质的两个案例企业，分析了两个案例企业"点线面体"阶段分别对应的推行路径及相应表现，并分别对比了案例企业 2018 年与 2020 年"点线面体"阶段路径方案的推行水平以及企业整体的精益数字化推行水平，进一步验证了各阶段推行路径的科学性与有效性。

第七章

产权异质下传统制造型企业精益
数字化推行的过程监督策略

设计有效的过程监督策略是高效推行精益数字化的基础。本章以激励的动态性为切入点，针对国有与民营两种传统制造型企业，分别分析了团队内外部监督对精益数字化推行中管理者激励机制的影响，探究最优激励模型，揭示团队内部监督（即横向监督）和外部监督（即纵向监督）结合时的最佳组合条件，得到最佳的激励模式。

第一节　产权异质下传统制造型企业
动态博弈模型的构建

一、基本假设

假设1：企业在精益数字化推行的动态环境中，假设团队由两类具有相同风险规避特征的员工 $i(i=1, 2)$ 组成，员工之间相互独立，管理者呈风险中性。

假设2：将企业推行精益数字化的过程划分为两个阶段 $t(t=1, 2)$，员工的努力程度为 $e_{ti}(t=1, 2; i=1, 2)$，企业的产出收益函数为 $x_t = k(e_{t1} + e_{t2}) + \varepsilon_t$，其中 k 表示精益数字化团队的协同系数（代表团队的协同程度），k 越大员工合作的协同效应越明显；ε_t 代表员工面临的随机因素，$\varepsilon_t \sim N(0, \sigma^2)$，$\text{Corr}(\varepsilon_1, \varepsilon_2) = \lambda$。

假设 3：员工的努力成本为 $C(e_{ti}) = \dfrac{c}{2}e_{ti}^2$，其中 $c > 0$ 为员工参与精益数字化推行的努力成本系数。

假设 4：企业根据收益向员工支付报酬，假设报酬方案是线性的，即第 t 阶段员工的报酬形式为 $w_{ti} = \alpha_{ti} + \beta_{ti}x_t$，其中 α_{ti} 为固定工资，β_{ti} 为可变报酬系数。

假设 5：员工具有不变绝对风险规避的效用函数 $u = -e^{-\rho w}$，其中 ρ 为员工的风险规避度 $\left(\rho = -\dfrac{u''(w)}{u'(w)} > 0\right)$，员工 i 的风险成本为 $\dfrac{1}{2}\rho\beta_i^2\sigma^2$，员工的保留效用为 U。

二、国有性质传统制造型企业博弈模型建立与求解

（一）无监督情况

1. 激励动态一致

由于企业精益数字化推行成功的关键是管理者和员工的共同努力，任何一方不努力都无法达到精益数字化预期的效果，管理者会根据员工的努力发放报酬。当不存在横向与纵向监督时，给定企业与团队员工的风险态度及报酬结构，企业的激励问题即在满足员工参与约束（IR）及激励相容约束（IC）的条件下，选择最佳的报酬参数 α_i、β_i 最大化自身的期望收益。

员工 i 的期望收益 $Ew_i = \alpha_i + \beta_i k(e_1 + e_2)$，确定性等价收益（随机收益的期望减去风险成本）为：

$$CE_i = \alpha_i + \beta_i k\sum_{i=1,2}e_i - \frac{c}{2}e_i^2 - \frac{1}{2}\rho\beta_i^2\sigma^2, \quad i = 1, 2$$

管理者的期望收益为：

$$Ev = E(x - w_1 - w_2) = E(x - \alpha_1 - \beta_1 x - \alpha_2 - \beta_2 x)$$
$$= k(1 - \beta_1 - \beta_2)(e_1 + e_2) - (\alpha_1 + \alpha_2)$$

以推行精益数字化的最大化期望效用设计激励机制，则：

$$\max_{\alpha_i, \beta_i} \quad k\left(1 - \sum_{i=1,2}\beta_i\right)\sum_{i=1,2}e_i - \sum_{i=1,2}\alpha_i \qquad (7.1)$$

$$\text{s. t.} \begin{cases} \alpha_i + k\beta_i\sum_{i=1,2}e_i - \dfrac{c}{2}e_i^2 - \dfrac{1}{2}\rho\beta_i^2\sigma^2 \geqslant U & i = 1, 2 \quad (IR) \\ e_i = \dfrac{k\beta_i}{c} & i = 1, 2 \quad (IC) \end{cases} \qquad (7.2)$$

因为在最优的情况下参与约束（7.2）的等式成立，将约束（7.2）代入式（7.1）中，原目标函数可写为：

$$\max_{\beta_i} \sum_{i=1,2}\left(\frac{k^2}{2c}(2\beta_i - \beta_i^2) - \frac{1}{2}\rho\beta_i^2\sigma^2 - U\right) \qquad (7.3)$$

因此，激励动态一致时企业的总收益为：

$$\max_{\beta_i} \sum_{i=1,2}\left(\frac{k^2}{c}(2\beta_i - \beta_i^2) - \rho\beta_i^2\sigma^2 - 2U\right) \qquad (7.4)$$

求解得：$\beta_i = \dfrac{k^2}{k^2 + c\rho\sigma^2}$，$e_i = \dfrac{k^3}{c(k^2 + c\rho\sigma^2)}$，最优期望收益为：$W^* = \dfrac{k^4(k^2 - c\rho\sigma^2)}{c(k^2 + c\rho\sigma^2)^2} - 2U$。

2. 激励动态不一致

激励动态不一致时，在第一阶段中，员工的期望收益为：

$$Ew_{1i} = \alpha_{1i} + \beta_{1i}k(e_1 + e_2)$$

员工的确定性等价收益为：

$$CE_{1i} = \alpha_{1i} + k\beta_{1i}\sum_{i=1,2}e_{1i} - \frac{c}{2}e_{1i}^2 - \frac{1}{2}\rho\beta_{1i}^2\sigma^2, \ i = 1, 2$$

管理者会根据员工在精益数字化推行中第一阶段的努力信息及激励机制调整第二阶段的激励行为，管理者会重新确定激励系数 β_{2i}，定义$(\sigma_2)^2 = \text{var}(x_2 \mid x_1) = (1 - \lambda^2)\sigma^2$，得到 $\beta_{2i} = \beta^*((\sigma_2)^2) = \dfrac{1}{1 - \lambda}\beta_{1i}$，在第二阶段中，员工的期望收益依赖于第一阶段的结果为：

$$E(w_{2i} \mid x_1) = \alpha_{2i} + k\beta_{2i}\left[\sum_{i=1,2}e_{2i} + \lambda\left(x_1 - k\sum_{i=1,2}\hat{e}_{1i}\right)\right]$$

其中，$\hat{e}_{1i}$ 是管理者关于 e_{1i} 的预期。

第二阶段员工的确定性等价收益为：

$$CE_{2i} = \alpha_{2i} + k\beta_{2i}\left[\sum_{i=1,2}e_{2i} + \lambda\left(x_1 - k\sum_{i=1,2}\hat{e}_{1k}\right)\right] - \frac{c}{2}e_{2i}^2 - \frac{1}{2}\rho\beta_{2i}^2(\sigma^2)_2$$

$$(7.5)$$

管理者的期望收益为：

$$Ev = Ev_1 + Ev_2 = Ev_1 + E(x_2 - w_{21} - w_{22}) = Ev_1 + E(x_2 - \alpha_{21} - \beta_{21}x_2 - \alpha_{22} - \beta_{22}x_2)$$

$$= k(1 - \beta_1 - \beta_2)(e_{11} + e_{12}) - (\alpha_{11} + \alpha_{12}) + k(1 - \beta_{21} - \beta_{22})(e_{21} + e_{22})$$

$$\quad - (\alpha_{21} + \alpha_{22})$$

以推行精益数字化的最大化期望效用设计激励机制，则：

$$\max_{\alpha_i,\beta_i} \quad k\left(1 - \sum_{i=1,2}\beta_{1i}\right)\sum_{i=1,2}e_{1i} - \sum_{i=1,2}\alpha_{1i} + k\left(1 - \sum_{i=1,2}\beta_{2i}\right)\sum_{i=1,2}e_{2i} - \sum_{i=1,2}\alpha_{2i}$$

$$(7.6)$$

$$\text{s. t.}\begin{cases} \alpha_{1i} + k\beta_{1i}\sum_{i=1,2}e_{1i} - \dfrac{c}{2}e_{1i}^2 - \dfrac{1}{2}\rho\beta_{1i}^2\sigma^2 \geqslant U \qquad i = 1, 2 \quad (\text{IR}) \qquad (7.7) \\[4mm] \alpha_{2i} + k\beta_{2i}\Big[\sum_{i=1,2}e_{2i} + \lambda\big(x_1 - k\sum_{i=1,2}\hat{e}_{1i}\big)\Big] - \dfrac{c}{2}e_{2i}^2 \\[3mm] \qquad - \dfrac{1}{2}\rho\beta_{2i}^2(\sigma^2)_2 \geqslant U \qquad\qquad\qquad\qquad i = 1, 2 \quad (\text{IR}) \qquad (7.8) \\[4mm] e_{1i} = \dfrac{k\beta_{1i}}{c} \qquad\qquad\qquad\qquad\qquad\qquad i = 1, 2 \quad (\text{IC}) \qquad (7.9) \\[4mm] e_{2i} = \dfrac{k\beta_{2i}}{c} \qquad\qquad\qquad\qquad\qquad\qquad i = 1, 2 \quad (\text{IC}) \qquad (7.10) \end{cases}$$

在最优的情况下参与约束（7.7）与约束（7.8）的等式成立，其中：

$$\alpha_{2i} = U - k\beta_{2i}\Big[\sum_{i=1,2}e_{2i} + \lambda\big(x_1 - \sum_{i=1,2}\hat{e}_{1k}\big)\Big] + \dfrac{c}{2}e_{2i}^2 + \dfrac{1}{2}\rho\beta_{2i}^2(\sigma^2)_2$$

$$= (U + A) - \beta_{2i}k\lambda x_1 \qquad\qquad\qquad\qquad (7.11)$$

$$w_{2i} = (U + A) + \beta_{2i}(x_2 - k\lambda x_1)$$

第二阶段中的固定工资 α_{2i} 取决于第一阶段的企业产出 x_1，在第一阶段员工增加 Δe_{1i}，则在第二阶段该员工 1 与其他员工的收益相应降低 $\beta_{2i}k\lambda\Delta e_{1i}$，此种现象被称为"棘轮效应"。

将约束（7.7）~约束（7.10）代入式（7.6）中，目标函数可写为：

$$\max_{\beta_i,\beta_{2i}} \sum_{i=1,2}\left(\dfrac{k^2}{2c}(2\beta_{1i} + 2\beta_{2i} - \beta_{1i}^2 - \beta_{2i}^2) - \dfrac{1}{2}\rho\beta_{1i}^2\sigma^2 - \dfrac{1}{2}\rho\beta_{2i}^2(1 - \lambda^2)\sigma^2 - 2U\right)$$

求解得：

$$\beta_{2i} = \dfrac{k^2}{k^2 + (1 - \lambda^2)c\rho\sigma^2}, \quad \beta_{1i} = \dfrac{k^2(1 - \lambda)}{k^2 + (1 - \lambda^2)c\rho\sigma^2}$$

$$e_{2i} = \dfrac{k^3}{c[k^2 + (1 - \lambda^2)c\rho\sigma^2]}, \quad e_{1i} = \dfrac{k^3(1 - \lambda)}{c[k^2 + (1 - \lambda^2)c\rho\sigma^2]}$$

最优期望收益为：

$$W = \dfrac{k^4(2 - \lambda)}{c[k^2 + (1 - \lambda^2)c\rho\sigma^2]} - \dfrac{k^4(k^2 + c\rho\sigma^2)}{c[k^2 + (1 - \lambda^2)c\rho\sigma^2]^2} - 2U$$

（二）横向监督

管理者与员工之间存在信息不对称，员工之间存在横向监督。员工 i 有关工作努力的标准由员工 j 的努力水平决定，定义员工 j 承受的同事压力函数为 $P(e, \gamma) = \gamma(e_j - e_i)$，其中 γ 是员工的同事压力敏感度（$\gamma > 0$），代表对规范努力水平每偏离一单位团队员工承受心理压力的程度。在激励动态不一致产生的交叉平衡监督情况下，员工只要偏离努力就会给管理者收益造成损失，则员工承受的同事压力函数为 $P(e, \gamma) = \gamma(e_{tj} - e_{ti})^2$。

1. 激励动态一致

当存在横向监督时，员工 i 的期望收益 $Ew_i = \bar{\alpha}_i + \bar{\beta}_i k(\bar{e}_1 + \bar{e}_2)$，确定性等价收益为：

$$CE_i = \alpha_i + k\beta_i \sum_{i=1,2} \bar{e}_i - \frac{c}{2}e_i^2 - \frac{1}{2}\rho\beta_i^2\sigma^2 - \gamma(e_j - e_i), \quad i, j = 1, 2; \ i \neq j$$

管理者的期望收益为：

$$\begin{aligned}
Ev &= E(x - w_1 - w_2) = E(x - \alpha_1 - \beta_1 x - \alpha_2 - \beta_2 x) \\
&= k(1 - \beta_1 - \beta_2)(e_1 + e_2) - (\alpha_1 + \alpha_2)
\end{aligned}$$

以推行精益数字化的最大化期望效用设计激励机制，则：

$$\max_{\alpha_i, \beta_i} \quad k\Big(1 - \sum_{i=1,2}\beta_i\Big)\sum_{i=1,2}e_i - \sum_{i=1,2}\alpha_i \tag{7.12}$$

$$\text{s. t.} \begin{cases} \alpha_i + k\beta_i \displaystyle\sum_{i,2} e_i - \frac{c}{2}e_i^2 - \frac{1}{2}\rho\beta_i^2\sigma^2 \\ \qquad - \gamma(e_j - e_i) \geqslant U & i, j = 1, 2; i \neq j \quad (\text{IR}) \quad (7.13) \\[2mm] e_i = \dfrac{k\beta_i}{c} + \dfrac{\gamma}{c} & i = 1, 2 \qquad\qquad\quad (\text{IC}) \quad (7.14) \end{cases}$$

因为在最优的情况下参与约束（7.13）的等式成立，将约束（7.13）、约束（7.14）代入式（7.12）中，原目标函数可写为：

$$\max_{\beta_i, e_i} \quad \sum_{i=1,2}\Big(ke_i - \frac{c}{2}e_i^2 - \frac{1}{2}\rho\beta_i^2\sigma^2 - \gamma(e_j - e_i) - U\Big)$$

求解得：

$$\bar{\beta}_i = \frac{k^2}{k^2 + c\rho\sigma^2}, \quad \bar{e}_i = \frac{k^3}{c(k^2 + c\rho\sigma^2)} + \frac{\gamma}{c}$$

最优期望收益为：

$$\overline{W} = \frac{k^4 + 2k\gamma c\rho\sigma^2}{c\ (k^2 + c\rho\sigma^2)} - \frac{\gamma^2}{c} - 2U$$

2. 激励动态不一致

在激励动态不一致时，在第一阶段，偷懒的员工会承受来自同事的排斥，则员工 i 的确定性等价收益为：

$$CE_{1i} = \alpha_{1i} + k\beta_{1i}\sum_{i=1,2}e_{1i} - \frac{c}{2}e_{1i}^2 - \frac{1}{2}\rho\beta_{1i}^2\sigma^2 - \gamma(e_{1j} - e_{1i})^2,\ i,\ j = 1,\ 2;\ i \neq j$$

在第二阶段，管理者会根据员工第一阶段的努力信息及激励机制调整第二阶段的激励行为，则管理者会重新确定激励系数 β_{2i}，定义 $(\sigma_2)^2 = var(x_2 | x_1) = (1 - \lambda^2)\sigma^2$，得到 $\beta_{2i} = \beta^*((\sigma_2)^2) = \frac{1}{1-\lambda}\beta_{1i}$，则员工 i 的确定性等价收益为：

$$CE_{2i} = \alpha_{2i} + k\beta_{2i}\sum_{i=1,2}e_{2i} - \frac{c}{2}e_{2i}^2 - \frac{1}{2}\rho\beta_{2i}^2(\sigma_2)^2 - \gamma(e_{2j} - e_{2i})^2,\ i,\ j = 1,\ 2;\ i \neq j$$

管理者的期望收益为：

$$Ev = Ev_1 + Ev_2 = Ev_1 + E(x_2 - w_{21} - w_{22}) = Ev_1 + E(x_2 - \alpha_{21} - \beta_{21}x_2 - \alpha_{22} - \beta_{22}x_2)$$
$$= k(1 - \beta_1 - \beta_2)(e_{11} + e_{12}) - (\alpha_{11} + \alpha_{12}) + k(1 - \beta_{21} - \beta_{22})(e_{21} + e_{22})$$
$$- (\alpha_{21} + \alpha_{22})$$

以推行精益数字化的最大化期望效用设计激励机制，则：

$$\max_{\alpha_i,\beta_i}\ k(1 - \sum_{i=1,2}\beta_{1i})\sum_{i=1,2}e_{1i} - \sum_{i=1,2}\alpha_{1i} + k(1 - \sum_{i=1,2}\beta_{2i})\sum_{i=1,2}e_{2i} - \sum_{i=1,2}\alpha_{2i}$$

$$(7.15)$$

$$\text{s. t.}\begin{cases} \alpha_{1i} + k\beta_{1i}\sum_{i=1,2}e_{1i} - \frac{c}{2}e_{1i}^2 - \frac{1}{2}\rho\beta_{1i}^2\sigma^2 \\ \qquad - \gamma(e_{1j} - e_{1i})^2 \geqslant U \end{cases} \quad i,\ j = 1,\ 2;\ i \neq j \quad (IR) \quad (7.16)$$

$$\begin{cases} \alpha_{2i} + k\beta_{2i}\sum_{i=1,2}e_{2i} - \frac{c}{2}e_{2i}^2 - \frac{1}{2}\rho\beta_{2i}^2(\sigma_2)^2 \\ \qquad - \gamma(e_{2j} - e_{2i})^2 \geqslant U \end{cases} \quad i,\ j = 1,\ 2;\ i \neq j \quad (IR) \quad (7.17)$$

$$e_{1i} = \frac{k\beta_{1i} + 2\gamma e_{1j}}{c + 2\gamma} \qquad\qquad i = 1,\ 2 \qquad (IC) \quad (7.18)$$

$$e_{2i} = \frac{k\beta_{2i} + 2\gamma e_{2j}}{c + 2\gamma} \qquad\qquad i = 1,\ 2 \qquad (IC) \quad (7.19)$$

将约束（7.16）~约束（7.19）代入式（7.15），原目标函数可写为：

$$\max_{\beta_i, e_i} \sum_{i=1,2} \left(k(e_{1i} + e_{2i}) - \frac{c}{2}(e_{1i}^2 + e_{2i}^2) - \frac{1}{2}\rho\beta_{1i}^2\sigma^2 - \frac{1}{2}\rho\beta_{2i}^2(1-\lambda^2)\sigma^2 \right.$$
$$\left. - \gamma(e_{1j} - e_{1i})^2 - \gamma(e_{2j} - e_{2i})^2 - 2U \right)$$

求解得：

$$\widehat{\beta_{2i}} = \frac{k^2}{k^2 + (1+2\gamma)(1-\lambda^2)c\rho\sigma^2}, \quad \widehat{\beta_{1i}} = \frac{k^2(1-\lambda)}{k^2 + (1+2\gamma)(1-\lambda^2)c\rho\sigma^2}$$

$$\widehat{e_{2i}} = \frac{k^3}{c[k^2 + (1+2\gamma)(1-\lambda^2)c\rho\sigma^2]}, \quad \widehat{e_{1i}} = \frac{k^3(1-\lambda)}{c[k^2 + (1+2\gamma)(1-\lambda^2)c\rho\sigma^2]}$$

最优期望收益为：

$$\widehat{W} = \frac{k^4(2-\lambda)}{c[k^2 + (1+2\gamma)(1-\lambda^2)c\rho\sigma^2]} - \frac{k^4[k^2(2-2\lambda+\lambda^2) + c\rho\sigma^2(2-2\lambda)]}{2c[k^2 + (1+2\gamma)(1-\lambda^2)c\rho\sigma^2]^2} - 2U$$

（三）纵向监督

在精益数字化推行过程中，当存在纵向监督时，管理者的监督成本为 $C(\sigma^2) = \frac{1}{2}\eta\left(\frac{1}{\sigma}\right)^2 = \frac{\eta}{2\sigma^2}$，其中 η 表示管理者的监督难度，监督难度越大，管理者的监督成本越高；σ^2 表示团队的产出误差，产出误差越大，监督积极性越低，监督力度越小，则监督成本也降低。纵向监督的存在不影响员工的收益，不会影响管理者对于员工的激励系数与员工的努力系数，即 $\beta_i = \frac{k^2}{k^2 + c\rho\sigma^2}$，$e_i = \frac{k^3}{c(k^2 + c\rho\sigma^2)}$，只会影响管理者的监管力度，即选择适宜的 σ^2 使精益数字化高效推行。

1. 激励动态一致

激励动态一致下存在纵向监督时，员工 i 的确定性等价收益为：

$$CE_i = \alpha_i + \beta_i k \sum_{i=1,2} e_i - \frac{c}{2}e_i^2 - \frac{1}{2}\rho\beta_i^2\sigma^2, \quad i = 1, 2$$

管理者的期望收益为：

$$T(\sigma^2) = Ev(\sigma^2) - C(\sigma^2)$$

最优一阶条件为：

$$\frac{\partial Ev(\sigma^2)}{\partial(\sigma^2)} = \frac{C(\sigma^2)}{\partial(\sigma^2)}$$

其中，$\dfrac{\partial Ev(\sigma^2)}{\partial(\sigma^2)} = \dfrac{k^3\rho(2\gamma - k)}{(k^2 + c\rho\sigma^2)^2}$。当 $\gamma \geqslant \dfrac{k}{2}$ 时，$Ev(\sigma^2)' \geqslant 0$，即随着团队产出误差的减少，管理者的期望收益降低或者不变，则管理者没有必要对员工进行纵向监督。当 $\gamma < \dfrac{k}{2}$ 时，管理者需要对员工进行纵向监督，保证团队收益保持稳定；$\dfrac{C(\sigma^2)}{\partial(\sigma^2)} = -\dfrac{\eta}{4\sigma^4}$，当 $\dfrac{k^3\rho(2\gamma - k)}{(k^2 + c\rho\sigma^2)^2} = -\dfrac{\eta}{4\sigma^4}$ 时，管理者通过纵向监督实现收益最大化，则求解得：

$$\sigma^2 = \frac{k^2}{\sqrt{\dfrac{k^3\rho(k - 2\gamma)}{\eta} - c\rho}} \tag{7.20}$$

2. 激励动态不一致

激励动态不一致下存在纵向监督时，管理者的期望收益为：

$$T(\sigma^2) = Ev(\sigma^2) - C(\sigma^2)$$

最优一阶条件为：

$$\frac{\partial Ev(\sigma^2)}{\partial(\sigma^2)} = \frac{C(\sigma^2)}{\partial(\sigma^2)}$$

其中，

$$\frac{\partial Ev(\sigma^2)}{\partial(\sigma^2)} = \frac{\begin{aligned}k^4\rho(1-\lambda^2)(1+2\gamma)[2 - \lambda - k^2\lambda + k^2\lambda^2 - (\lambda - 1)(\lambda^2 + 2\gamma\lambda^2 \\ - \lambda - 2\gamma\lambda - 4\gamma - 1)c\rho\sigma^2]\end{aligned}}{[k^2 + (1 + 2\gamma)(1 - \lambda^2)c\rho\sigma^2]^3}$$

$$\frac{C(\sigma^2)}{\partial(\sigma^2)} = -\frac{\eta}{4\sigma^4}$$

当两者相等时，管理者通过纵向监督实现收益最大化。

（四）模型对比分析

通过对不同监督情况下精益数字化推行中的激励问题进行分析，得到不同监督情况下的均衡解，如表 7 - 1 所示。

表 7 – 1　　　　　　　　　　　　不同监督情况下的均衡解

监督情况	激励动态情况		激励强度与努力程度
无监督	一致	第一阶段与第二阶段	$\beta_i = \dfrac{k^2}{k^2 + c\rho\sigma^2}$ ，$e_i = \dfrac{k^3}{c(k^2 + c\rho\sigma^2)}$
		最优期望收益	$W = \dfrac{k^4(k^2 - c\rho\sigma^2)}{c(k^2 + c\rho\sigma^2)^2} - 2U$
	不一致	第一阶段	$\beta_{1i} = \dfrac{k^2(1-\lambda)}{k^2 + (1-\lambda^2)c\rho\sigma^2}$ ，$e_{1i} = \dfrac{k^3(1-\lambda)}{c[k^2 + (1-\lambda^2)c\rho\sigma^2]}$
		第二阶段	$\beta_{2i} = \dfrac{k^2}{k^2 + (1-\lambda^2)c\rho\sigma^2}$ ，$e_{2i} = \dfrac{k^3}{c[k^2 + (1-\lambda^2)c\rho\sigma^2]}$
		最优期望收益	$\widetilde{W} = \dfrac{k^4(2-\lambda)}{c[k^2 + (1-\lambda^2)c\rho\sigma^2]} - \dfrac{k^4(k^2 + c\rho\sigma^2)}{c[k^2 + (1-\lambda^2)c\rho\sigma^2]^2} - 2U$
存在横向监督	一致	第一阶段与第二阶段	$\bar{\beta}_i = \dfrac{k^2}{k^2 + c\rho\sigma^2}$ ，$\bar{e}_i = \dfrac{k^3}{c(k^2 + c\rho\sigma^2)} + \dfrac{\gamma}{c}$
		最优期望收益	$\overline{W} = \dfrac{k^4 + 2k\gamma c\rho\sigma^2}{c(k^2 + c\rho\sigma^2)} - \dfrac{\gamma^2}{c} - 2U$
	不一致	第一阶段	$\widehat{\beta}_{1i} = \dfrac{k^2(1-\lambda)}{k^2 + (1+2\gamma)(1-\lambda^2)c\rho\sigma^2}$ ，$\widehat{e}_{1i} = \dfrac{k^3(1-\lambda)}{c[k^2 + (1+2\gamma)(1-\lambda^2)c\rho\sigma^2]}$
		第二阶段	$\widehat{\beta}_{2i} = \dfrac{k^2}{k^2 + (1+2\gamma)(1-\lambda^2)c\rho\sigma^2}$ ，$\widehat{e}_{2i} = \dfrac{k^3}{c[k^2 + (1+2\gamma)(1-\lambda^2)c\rho\sigma^2]}$
		最优期望收益	$\widehat{W} = \dfrac{k^4(2-\lambda)}{c[k^2 + (1+2\gamma)(1-\lambda^2)c\rho\sigma^2]} - \dfrac{k^4[k^2(2-2\lambda+\lambda^2) + c\rho\sigma^2(2-2\lambda)]}{2c[k^2 + (1+2\gamma)(1-\lambda^2)c\rho\sigma^2]^2} - 2U$
存在纵向监督	一致	最优期望收益	$\overrightarrow{W} = \dfrac{k^4 + 2k\gamma c\rho\sigma^2}{c(k^2 + c\rho\sigma^2)} - \dfrac{\gamma^2}{c} - \dfrac{\eta}{2\sigma^2} - 2U$
	不一致	最优期望收益	$\overleftarrow{W} = \dfrac{k^4(2-\lambda)}{c[k^2 + (1+2\gamma)(1-\lambda^2)c\rho\sigma^2]} - \dfrac{k^4[k^2(2-2\lambda+\lambda^2) + c\rho\sigma^2(2-2\lambda)]}{2c[k^2 + (1+2\gamma)(1-\lambda^2)c\rho\sigma^2]^2}$ $- \dfrac{\eta}{2\sigma^2} - 2U$

第二节 仿真分析

为更直观地展示国有与民营两种传统制造型企业复制动态系统中关键要素对多方动态博弈过程及结果的影响，根据推行精益数字化的企业实地调研数据，应用 Matlab 2019a 对不同监督情况进行数值仿真。

一、企业最优期望收益

（一）激励动态一致

在激励动态一致时，令员工的风险规避度 $\rho = 0.5$，员工的同事压力敏感度 $\gamma = 0.4$，团队产出误差 $\sigma^2 = 1$，管理者的监督难度 $\eta = 0.5$，在其他参数不变的情况下，仿真参数 k 与 c 对精益数字化推行过程中最优期望收益 W 的影响如图 7 - 1 所示。

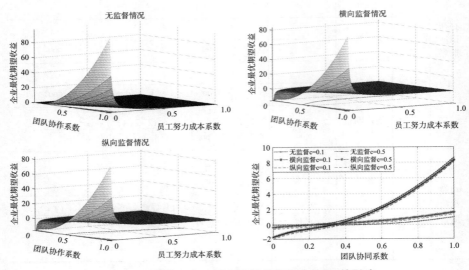

图 7 - 1 参数 k 与 c 对企业最优期望收益 W 的影响

由图 7 - 1 可知，精益数字化团队的协同系数 k 与企业最优期望收益 W 成正比，与企业存在的监督情况无关，随着团队协同系数的增加，企业期望收益增加的比率逐渐上升。团队协同系数代表了团队的协同程度，较强的协同效应有利于团队合作，其中利益目标一致、对精益的认可度、团队效能感、自我效能感、知识相通、薪酬等均会影响团队的协同，为达到企业最优期望收益，管理者应从不同方面加强员工的团队认可度，共同促进精益数字化的推行。

员工参与精益的努力成本系数 c 与企业最优期望收益 W 成反比，由 $e_i = \dfrac{k^3}{c(k^2 + c\rho\sigma^2)}$ 可知，员工参与的努力程度 e_i 与员工参与精益的努力成本系数 c 成反比，而员工参与精益的努力成本系数主要与员工对精益的认识有关，对精益的认可度越高，则其参与精益的努力成本系数就会越小。当 c = 0.1 时，员工自发参与精益数字化的程度较高，此时无监督情况下的企业最优期望收益最大，纵向监督情况下的收益最小，即 $W > \overline{W} > \overrightarrow{W}$；当 c = 0.5 时，此时横向监督情况下的企业最优期望收益最大，无监督情况下的收益最小，即 $\overline{W} > \overrightarrow{W} > W$。为此，在精益数字化推行初期，管理者需要把个人业绩与所在团队的业绩紧密结合，引入同事评价监督机制，充分利用员工间的心理契约，发挥横向监督作用，并通过培训的方式提升员工对精益的认识水平，降低努力成本系数；在精益数字化推行后期，团队的协同程度较高，员工参与精益的努力成本较低，管理者在塑造以人为本的企业文化下，充分调动了员工的积极性与创造力，此时对员工不采取监督策略，企业期望收益最大。

（二）激励动态不一致

在激励动态不一致时，令员工的风险规避度 $\rho = 0.5$，员工的同事压力敏感度 $\gamma = 0.4$，团队产出误差 $\sigma^2 = 1$，两阶段的相关系数 $\lambda = 0.3$，管理者的监督难度 $\eta = 0.5$，在其他参数不变的情况下，仿真参数 k 与 c 对精益数字化推行中最优期望收益 W 的影响如图 7 - 2 所示。

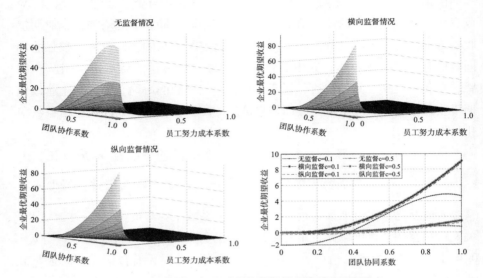

图 7 – 2　参数 k 与 c 对企业最优期望收益 W 的影响

由图 7 – 2 可知，在横向监督或纵向监督存在的情况下，精益数字化团队的协同系数 k 与企业最优期望收益 W 成正比，在无监督情况下，随着团队协同系数的增加，企业期望收益出现先增后减的趋势。在激励动态不一致时，"棘轮效应"的产生会降低企业期望收益，它通过抑制员工的努力而最终减少了企业总收益。"棘轮效应"现象的产生关键在于员工与管理者之间的信息不对称，管理者对于员工的能力缺乏一个客观的评价标准。因此，在长期合作的项目中，初期可能存在"棘轮效应"，但随着时间的推移，"棘轮效应"将逐渐淡出，最终使精益数字化得以顺利推行，取得良好的精益效果。

与激励动态一致性情况一样，员工参与精益数字化的努力成本系数 c 与企业最优期望收益 W 成反比，无论员工参与精益数字化的努力程度如何，横向监督情况下的企业最优期望收益最大，无监督情况下的收益最小，即 $\overline{W} > \overrightarrow{W} > W$。因此管理者在不同阶段改变激励机制时，应努力创造构建员工间良好心理契约的环境和氛围，不断完善企业规范，积极发挥横向监督激励的作用，真正形成公平公正的工作氛围。

二、激励强度与努力程度

(一)激励动态一致

在激励动态一致下存在横向监督时,管理者给予精益数字化推行中员工的激励强度不变,即 $\beta_i = \bar{\beta}_i$,但是员工的参与成本有所增加,即 $e_i < \bar{e}_i(\gamma > c)$,企业的最优化收益也有相应的提高。在精益数字化不断推行的过程中,在员工之间利益相关或存在隐性惩罚机制时,员工的投入越大企业的产出越高,而员工的可变报酬系数与努力成正比,此时会产生正向的监督行为,出于共同利益的驱使,员工之间会进行相互监督,员工之间为获取高额收益,鼓励努力投入、反对偷懒,员工除了获取自身努力之外的收益,还会避免同事排斥而额外获得的收益,阻止员工"搭便车"行为。

(二)激励动态不一致

在激励动态不一致下存在横向监督时,管理者给予精益数字化推行中员工的激励强度有所降低,即 $\hat{\beta}_{ti} < \beta_{ti}(\gamma > 0)$,同时员工的努力水平也有所降低。员工自发参与精益的努力程度过低,会造成企业整体收益下降,并揭示了员工间相互推诿的现象;员工自发参与精益数字化的努力程度太高,会造成管理者提高产量标准或降低工资激励强度。这两种情况都会降低员工自身期望收益。因此为保证总体收益,管理者应鼓励员工将投入保持在一定的范围内,既不要太高也不要太低。而为了满足参与约束,员工进行精益数字化推行中遭受的排斥成本需要企业来进行赔偿,管理者为降低总成本只能以较低的激励来换取风险成本的节约,而较低的激励强度会降低员工自发参与精益数字化的努力程度,最终管理者因横向监督的存在降低收益。

三、同事监督敏感度

(一)激励动态一致

在激励动态一致时,令员工的风险规避度 $\rho = 0.5$,员工参与精益的努力成本系数 $c = 0.3$,两阶段的相关系数 $\lambda = 0.3$,精益数字化团队的协同系数 $k = 0.3$,管理者的监督难度 $\eta = 0.5$,在其他参数不变的情况下,仿真员工的同事压力敏感度 γ 与团队产出误差 σ^2 对精益数字化推行中最优期望收益 W 与努力程度 e 的影响结果如图 7 – 3 所示。

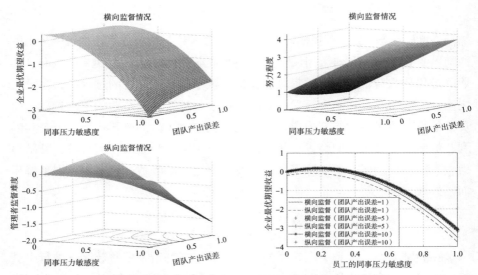

图 7 – 3 参数 γ 与 σ^2 对企业最优期望收益 W 的影响

由图 7 – 3 可知，在横向监督情况下，随着员工的同事压力敏感度 γ 的增加，精益数字化推行中最优期望收益 W 呈现先增长后降低的趋势，员工的同事压力敏感度较低时，企业通过提高员工对精益数字化的认知水平，增加员工之间的共同利益，促进员工参与精益的努力行为，从而增加企业期望收益；当同事压力敏感度增加到一定程度时（此仿真为 $\gamma > 0.1$），员工之间的监督氛围变得明显，会承受来自同事的压力而产生负效应，额外付出的努力就越多，则会造成企业最优期望收益的降低。团队产出误差 σ^2 的增加会造成企业最优期望收益 W 与员工努力程度 e 的降低，随着团队产出误差的增加，给定激励水平下的员工工作积极性受到抑制，员工实施监督获得的边际收益下降，则会造成企业最优期望收益的降低。

在纵向监督情况下，由 $\frac{\partial(\sigma^2)}{\partial\eta} > 0 \left(\gamma < \frac{k}{2} = 0.15\right)$ 可知，管理者实施纵向监督的难度 η 随着团队产出误差 σ^2 的增大而增大，管理者实施纵向监督的难度越大，企业对其实行监督的边际成本就越高，对其实施监督的积极性越

低。而员工之间压力敏感度的提升反而降低了管理者纵向监督的难度 η，员工为了保证自身的利益，有主动监督其他同事的积极性，促进横向监督的氛围，此时管理者纵向监督的管理难度会自然降低。

（二）激励动态不一致

在激励动态一致性时，在其他参数不变的情况下，仿真员工的同事压力敏感度 γ 与团队产出误差 σ^2 对精益数字化推行中最优期望收益 W 与努力程度 e 的影响如图 7-4 所示。

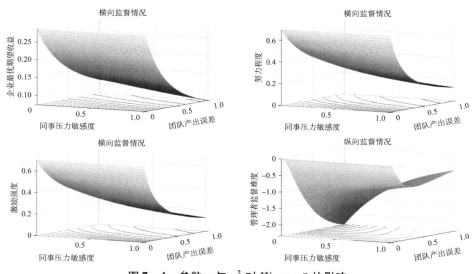

图 7-4　参数 γ 与 σ^2 对 W、e、β 的影响

由图 7-4 可知，在横向监督情况下，随着精益数字化推行中员工的同事压力敏感度 γ 的增加，最优期望收益 W、员工的激励强度 β 与员工的努力程度 e 呈现下降的趋势，它通过抑制员工的努力而最终减少了企业期望收益。同事压力敏感度的增加，由于承诺不完全而导致的"棘轮效应"使团队内很容易产生保留努力的规范，作为理性的团队成员，会选择不努力工作，造成横向监督对团队绩效产生负面效应。

在纵向监督情况下，与激励一致性不同的是员工之间压力敏感度 γ 的提升增加了管理者纵向监督的难度 η，管理者会根据员工的努力程度改变对员工的激励，实施纵向监督获得的边际收益越小，企业对其实施监督的积极性越低。因此企业需要创造出有利于员工构建彼此心理契约的规范和氛围，培养员工的团队精神，降低来自同事制裁的压力，从而使员工间心理契约的建立进入良性的动态循环过程。

本 章 小 结

本章针对国有与民营两种产权性质的传统制造型企业，应用动态博弈分别分析了两种产权性质企业的横向、纵向监督对精益数字化推行中主体参与激励机制的影响。对于国有传统制造型企业来说，在精益数字化的推行中，实行团队收益分享激励机制仅确保了努力规范的建立以及成员之间相互监督动力的产生，但是这种监督对管理者而言既有可能是积极的也有可能是消极的，这取决于管理者对于员工的激励一致性。

第八章

产权异质下传统制造型企业
精益数字化推行案例分析

在制造业企业系统资源优化分配过程中，精益数字化是智能制造的一种实践基础，有利于推进企业在逆境中快速恢复和反弹。在数字经济时代，数字技术正不断重塑组织的业务生态和价值创造方式，需要探索精益数字化与组织韧性之间的作用关系，关注面对长短期冲击的交互作用时，挑战组织韧性的现实场景是什么，精益数字化从何处切入，又如何推进组织韧性的形成过程。本章在"异质资源稀缺、御险能力薄弱"的情境下，根据耗散结构理论探究精益数字化的嵌入对处在不同发展时期制造业企业组织韧性的影响，探讨精益数字化如何激发企业的生存本能，从而构建提高组织韧性的路径。

第一节　研究设计过程

本章研究的目的在于探索制造业企业进行精益数字化如何激发企业的生存本能，在不同恢复阶段中突破旧路径并创造新路径的过程规律，鉴于研究情境的动态性以及研究问题的复杂性，本章采用归纳式的案例研究方法（Gioia et al.，2013），深刻理解现象所处的情境和发生的过程，挖掘隐藏在复杂现象背后的理论规律，回答"如何"和"为什么"的问题。案例研究又分为单案例研究与多案例研究，多案例研究法能通过不同案例对研究过程和结论进行验证，从而形成更完整的理论，提高研究的效度。制造业企业组织韧性的形成是一个复杂的系统，其驱动因素较多，单一案例的代表性稍差，为了使研究结论更具有一般性，本章采用多案例研究法，通过对处在不同发展时期的制造业企业精益数字化过程的比较研究，探索精益数字化提高制造业企业组织韧性的路径。

一、研究样本

本章选择一汽轿车股份有限公司（一汽轿车，YQ）、潍柴动力股份有限公司（潍柴动力，WC）、华兴纺织集团（华兴纺织，HX）、天津重钢机械装备股份有限公司（天津重钢，ZG）四家企业的精益管理实践案例作为研究样本。这些案例符合多案例研究方法中研究样本选取的原则（Eisenhardt，2007），且能够准确地反映本章所研究的问题。

一方面，这些案例反映了精益数字化在中国制造业企业中的应用与发展。从时间层面看，案例企业均成立 15 年以上，已经经历或正经历逆境冲击并处于形成韧性阶段；从规模层面看，案例企业涵盖大中型制造业企业，研究结论更具有普适性；从类型层面看，案例企业以汽车制造业为主，其他类制造业为辅，中国企业精益管理实践最早是在汽车制造业中应用的。其中，一汽轿车的精益管理实践是汽车制造业精益管理的代表，2012 年形成了特有的红旗生产管理方式（HPS）；潍柴动力是一家跨领域、跨行业经营的国际化公司，是中国最大的汽车零部件企业集团，也是精益数字化在中国装备制造业实施较为成功的案例，并形成 WOS 精益管理体系；华兴纺织是一家集纺织、服装、经贸、物流、物业管理于一体的综合性企业集团，形成了智能化引领、精益化支撑、两化融合的战略工厂，利用精益数字化实现弯道超越；天津重钢的精益数字化实践正处于快速推进中，是精益数字云应用的示范工厂。本章多个案例既能较为全面地解构精益数字化对于组织韧性的影响，也为理解制造业企业精益数字化转型涉及的相关问题提供了新的理论见解。

另一方面，这些案例企业推行精益数字化过程都符合耗散结构的演化，都是借助内外部的推动力量（资源）进行转型。企业精益数字化转型与组织韧性的形成是一个长期的动态过程，多案例研究更加适合对纵向演化进程的解析和探讨，展现出研究的动态性和整体性。企业成长及面对危机响应的主要原因是将精益数字化视为冲击中的"救生圈"，形成企业的组织韧性，多案例企业的经验更有助于启发不同类型的企业在逆境中实现恢复和反弹，以构建制造业企业组织韧性形成的路径，从而实现研究目的。本章将选定的4家制造业企业分别命名为案例A、B、C、D。案例概况详见表8-1。

表8-1　　　　　　　　　　　　案例企业调研概况

企业类型	一汽轿车（A）	潍柴动力（B）	华兴纺织（C）	天津重钢（D）
	1997年	2002年	1987年	2002年
	大型汽车制造企业	大型汽车零部件企业	大型纺织制造企业	非标机械装备定制服务商
制造业产业介绍	主营业务为开发、制造、销售乘用车、发动机、变速箱及其配件	经营业务为内燃机、液压产品、新能源动力总成系统及配套产品	是一家集纺织、服装、经贸、物流、物业管理于一体的综合性企业集团	主要产品有矿山、港口、造桥机械等大型连续搬运装备以及节能环保设备、冶金设备、起重机械等
精益数字化引进时间	2002年开始导入精益管理，2003年与马自达合作，学习马自达生产方式（MPS）并获得阶段性发展	2011年5月，潍柴动力聘请管理专家，组建专业的管理团队，成立了精益办公室，采取自上而下的方式，全员参与，精益生产、准时化生产、看板式管理、自动化生产等先进的生产方式被引进并推行	2000年公司改制，短短5年时间发展到20万锭的规模。2006年提出了"转型升级、二次创业"的战略任务，由劳动密集型的传统纺织企业升级到具有互联网时代特征的智能纺水平，实现了弯道超越	2013年8月新三板上市，2018年12月26日引入精益数字化管理。与爱波瑞公司及紫光公司合作，开展精益管理数字云项目
冲击（内熵）	2002年外部环境冲击和市场竞争加剧；2015年新一轮"互联网+"转型浪潮；受2020年疫情的冲击，上半年行业整体下滑22%；2020年"双碳"目标的提出及"国六"排放标准的影响	2007年金融危机；2011年国际经济形势严峻和国内稳步发展的步调；2015年新一轮的"互联网+"转型浪潮；2020年国内外疫情暴发、芯片短缺、原材料价格上涨；2020年"碳达峰、碳中和"目标的提出，"国六"排放标准的影响	纺织企业利润增长幅度已从2011年的43.9%下降到2015年的5.3%；2020年中美贸易战，尤其是受新冠肺炎疫情影响出现融资难、用工难、订单锐减、整体下滑的形势，造成员工工资未能及时发放	2013年以来需求大幅减少，一直处于低谷期，国内产能绝对过剩，市场竞争激烈；2018年以来，受中美贸易摩擦不断升级等因素影响；2019年政府发布重污染天气预警；2020年初疫情的冲击以及不确定的政治、经济格局

续表

企业类型		一汽轿车（A）	潍柴动力（B）	华兴纺织（C）	天津重钢（D）
		1997 年	2002 年	1987 年	2002 年
		大型汽车制造企业	大型汽车零部件企业	大型纺织制造企业	非标机械装备定制服务商
冲击应对措施（负熵）	内部	管理创新、智能制造体系，实现"3 + 1"数字化工厂模式*	智能制造系统平台、国际化发展战略、产业链资源整合、"以我为主、链合创新"的自主创新驱动系统、服务产业化	科技转型、创新驱动战略，建立了集客户需求、设计开发、原材料供应、生产仓储运输于一体的智能纺管理系统	精益信息化、以人为本、为客户创造价值的理念、"螺丝钉"精神、生产过程清晰掌控、订单过程透明化
	外部	形成第三方精益管理咨询机构、学习借鉴日本汽车模式	形成第三方精益数字化咨询机构、与全球知名科研院校建立起产学研平台	新一代信息技术与纺织业融合的创新发展；以"一带一路"建设为契机，推进产业全球布局	坚持走产学研并举的科技发展之路，与河北工业大学、天津滨海职业学院等科研院所建立长期研究基地
取得的成果		2003~2006 年产销量稳定在 5 万~6 万辆/年，最终在 2012 年形成了一汽轿车特有的红旗生产管理方式（HPS）。创建生产线物流单件零件配送系统 SPS，满足多品种混流生产	公司将 2013 年度确定为"WOS 精益落地年"，实现从"精益生产项目形态"向"精益管理体系常态"的过渡。WOS 质量管理模式、全流程的质量管控让潍柴的新机故障率下降 72%，新产品研发周期缩短 60%，年复合增长率达到 37%	公司形成以智能化引领、精益化支撑为基础的纺织产业生态圈。质量水平提升 8.5%，制成率提升 8%，生产效率提升 25%，毛利率提升 30%	天津重钢从一个小企业发展成中型企业，成长为行业内的隐形冠军，年综合生产能力达 3 万吨以上，成为精益数字化应用示范工厂。生产作业效率提升 22.5%，在线产品停留天数减少 84%，齐套配送兑现率提升 70%
访谈对象		企业管理人员与员工	企业管理人员与员工	企业管理人员与员工	企业管理人员与员工
档案资料		公司年报（2001~2021 年上半年）；公司年度社会责任报告（2008~2020年）；投资者关系活动记录表（13 个）	公司年报（2007~2021 年上半年）；公司年度社会责任报告（2008~2020年）；投资者关系活动记录表（288 个）	发展史（1）华兴集团官网资料	公司年报（2013~2021 年上半年）发展史（1）

续表

企业类型	一汽轿车（A）	潍柴动力（B）	华兴纺织（C）	天津重钢（D）
	1997 年	2002 年	1987 年	2002 年
	大型汽车制造企业	大型汽车零部件企业	大型纺织制造企业	非标机械装备定制服务商
二手资料	一汽轿车调研活动信息（10 个）；一汽轿车业绩说明会资料（1 个）；人物专访（2 个）；PPT 资料（4 个）；媒体报道（6 个）	人物专访（2 个）；媒体报道（11 个）；视频资料（2 个）	人物专访（2 个）；媒体报道（5 个）；视频资料（2 个）	人物专访（2 个）；媒体报道（6 个）；视频资料（1 个）

＊即制造质量（FIT）、制造工艺（TCM）、生产物流（APS/LES）+制造运营（MOM/TMS）模式。

二、数据收集

为了保证研究结论的信度和效度，本章在调研之初的案例研究设计中从多个方面收集相关数据，多种来源的证据形成三角互证的证据链，获得多重支持的资料数据用于具体的分析。主要资料包括三类：一是半结构化访谈。企业进行精益数字化转型具有动态的特点，本章主要是对制造业企业的相关管理人员及员工进行访谈，设计访谈提纲，其包含 15 个问题，在访谈中理清企业进行精益数字化的发展历程，了解到之前理论中未涉及的一些新问题、新角度。二是二手资料。主要包括杂志、报纸与网络中关于案例企业的相关报道，企业人员的访谈和公开讲话，上市公司的年报，年度社会责任报告等。案例企业的官网公开资料有助于对企业的发展历程、管理动向以及经营绩效等进行了解。三是档案文件。主要包括纸质的内部资料与印刷品，如企业主要产品介绍、获得的专利和荣誉、企业内部刊物、企业对外宣传手册，以及嵌入生产过程中的管理流程、认证体系。

三、数据分析

为了对案例数据分类、条理化，降低对案例资料的理解偏差，采用数据编码方式对资料进行整理。本章以访谈资料作为编码来源数据，通过 NVivo 11 质性分析软件辅助编码，依据 Strauss 等为代表的数据处理程序，即"开放性编码—主轴式编码—选择式编码"进行数据分析。在制造业企业领域专家意见的基础上,对访谈资料进行概念化和范畴化,客观进行编码。

(一) 开放式编码

使用文本和受访者的原始语句作为标签以降低研究者个人的主观影响,从中发掘初始概念,共得到 87 条原始语句,总结出"焦聚环境稳定性需求、启动应急预案、消除组织职能壁垒"等 48 个一阶概念;继而对归类后的一阶概念赋予"激活环境风险预控体系、变革新型职级体系、管理层立场感知"等 25 个二级主题;通过将概念整合,最终聚合形成"环境冲击响应、资源整合重组、组织利益联结"等 12 个构念。

(二) 主轴式编码

通过对各个构念进行组合,以明确构念间的逻辑关系,提炼出主轴逻辑线索,即韧性激活（x）→韧性调整（y）→韧性表现（z）,描述了危机冲击下精益数字化对制造业企业组织韧性形成过程的影响。案例企业中精益数字化对组织韧性的作用机制主要表现在联通、集成和赋能三个方面。编码结果如图 8 - 1 所示。

(三) 选择式编码

这一过程的关键在于寻找"故事线",用"故事线"精练地诠释经验资料。本部分研究所确定的核心范畴是"基于耗散结构分析精益数字化对提升制造业企业组织韧性能力的过程机理"。该过程包含三个阶段:抵抗承受阶段、调整恢复阶段、复原成长阶段。分别提炼形成三条演进路径:一是环境冲击响应（x_1）→资源整合重组（y_1）→组织利益联结（z_1）;二是情境识别干预（x_2）→链合创新技术协同（y_2）→组织效益扩容（z_2）;三是战略层面调整（x_3）→引领组织思想（y_3）→组织责任驱动（z_3）。选择式编码结果如图 8 - 2 所示。

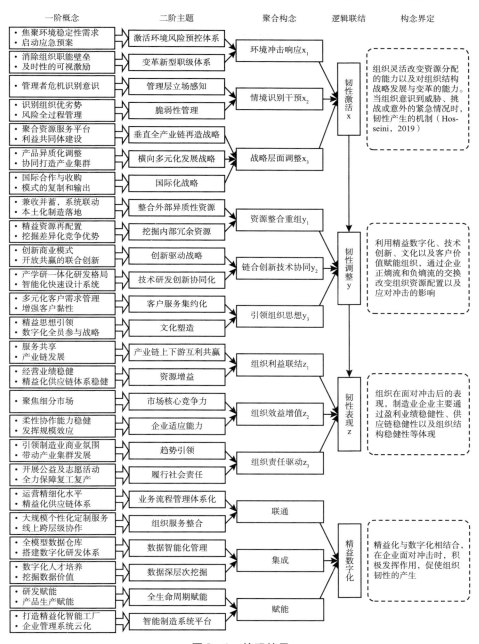

图 8-1　编码结果

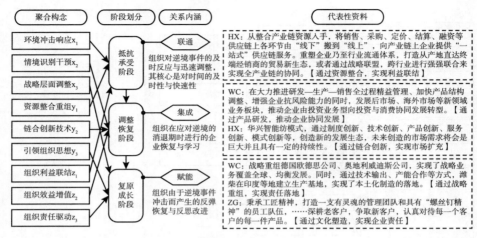

图 8 - 2　选择式编码结果

第二节　案例分析与发现

根据韧性理论的适应性循环，一个可持续的具有韧性的系统可以沿着利用、保存、释放、重组 4 个阶段不断发展演变和循环（史雅文等，2020），使组织从低水平的被动应对到自发地进行准备，直至高强度冲击下的轻松适应，完成组织韧性的循环迭代，不断发展和强化其韧性能力。本章根据案例企业组织韧性形成过程，从 3 个阶段展开分析：第一阶段是冲击变换的抵抗承受阶段：组织对逆境事件的及时反应与迅速调整；第二阶段是冲击破坏效应的调整恢复阶段：组织在应对逆境的消退期时进行的企业恢复与学习；第三阶段是冲击恢复中的复原成长阶段：组织在逆境冲击下产生的反弹恢复与反思改进。

一、抵抗承受阶段

（一）韧性激活：环境冲击响应

制造业企业面临的环境冲击包括政策、经济、生态与数字化环境冲击，部分案例企业通过"激活环境风险预控体系"和"变革新型职级体系"寻求突破。具体而言，面对内外部环境变化与挑战，企业首先对所处环境进行判断，焦聚环境稳定性需求。在此基础上，部分案例企业意识到制约企业发展的瓶颈是市场需求及供应"不稳定"，解决办法主要包括：一是积极沟通主动出击，确保供货资源稳定；二是严格执行应急预案，提升资源保障能力。

明确环境稳定性需求后，案例企业通过"消除组织职能壁垒"和"及时性的可视激励"两类行动变革新型职级体系。一方面，激活组织变革，克服组织惰性，消除职能壁垒。通过"共享"和"一站式服务"，在管理经验、维修、信息等方面消除冗余。例如，一汽轿车通过数字化的"财务共享服务中心"实现各部门之间的协同以及跨部门的协作。另一方面，建立及时性的激励机制，调集一切可以调动的人员、技术、资源，激活组织韧性。例如，对于"卡脖子"的前沿技术、核心技术，潍柴动力推出了"揭榜挂帅"；天津重钢建立了一套与人性相匹配的管理制度，让员工干公司的事像干自己的事一样用心；一汽轿车持续优化项目 CEO 制及项目奖金激励制度，实现强矩阵管理，完成近 20 个里程碑的评价和激励。

（二）韧性资源调整：资源整合重组

面对企业在环境冲击下的正熵增加，企业需要进行韧性资源调整增加负熵，从而实现组织的螺旋式发展。资源整合重组包括对外部异质性资源的整合和内部冗余资源的挖掘，实现在危机中促转变，在转变中谋发展。

一是整合外部异质性资源。为弥补竞争劣势，企业需要兼收并蓄，从外部先进企业获取外部性资源，例如，一汽轿车在新业务探索方面，利用外部平台和资源，寻求新能源、移动共享领域突破，在联合制造、出行服务、动力电池等领域与其他企业展开深度合作，实现了"（1+1）＞2"的战略效果。但仅依靠简单的模仿、复制甚至是嫁接领先企业的技术和管理经验远远不够，需要本土化制造落地，整合资源，实现企业的可持续发展。例如，潍柴动力通过技术输出、产能合作等方式，在印度等地建立生产基地，实现了本土化制造的落地；一汽轿车持续实施开门采购，深度整合供应商资源，清理沉默资源，引入外部资源，完成战略供应商资源平台搭建。

二是挖掘内部冗余资源。内部冗余资源是组织韧性的基础，积累沉淀已有能力是制造业企业面对环境冲击保持组织韧性的重要举措。一方面是企业对精益资源进行配置，通过"六西格玛管理""看板管理""5S 管理"等精益管理工具大力推进"研发—生产—销售—售后"全过程精益管理，一汽轿车形成了特有的"红旗生产管理方式"（HPS），潍柴动力形成了"WOS质量管理模式"。例如，一汽轿车在导入总装领域数字化应用过程中，建立了"三棵树"，即产品树、资源树和流程树，解决了部分总装领域知识积累和知识重用的问题。另一方面是企业差异化竞争优势的挖掘，推进多元化的业务结构，资源获取方式由单向获取转为双向流动，形成内外部资源的协同。例如，一汽轿车利用强大的服务能力为客户解决"一站式""一揽子"需求，为客户提供更多的增值服务和差异化服务，提高资源配置效率。潍柴动力发展后市场、海外市场等新领域业务板块，推动企业由投资业务型向投资与消费协同发展转型。

（三）韧性表现：组织利益联结

经过组织韧性资源调整，企业在抵抗承受阶段表现出多个利益相关者的利益联结，包括"产业链上下游互利共赢"与"资源增益"，在国家标准的基础上，通过各方合作，为制造业企业带来了资源增益。一方面，发展知识管理共享化，沿着"一带一路"版图，潍柴动力不断落地"中国制造"，输出"中国技术"，共享"中国服务"，在全球 110 多个国家和地区构建起互惠互通的"超级朋友圈"。另一方面，集聚产业链发展，创造利益价值。例如，一汽轿车拥有从毛坯原材料到核心零部件、从关键大总成到整车的国内最完整制造体系，加工制造深度位居行业前列。

在抵抗承受阶段，企业资源增益带来的是经营业绩的稳健与服务体系的优化。对于企业来说，经营业绩是衡量企业是否能够长期存活发展的标准，只有短期内的持续稳健才能保障长期稳定。例如，全流程的质量管控让潍柴动力的新机故障率下降了 72%；天津重钢机械的年综合生产能力达到了 3 万吨以上，生产作业效率提升了 22.5%；华兴纺织在智能化引领、精益化支撑下毛利率提升了 30%；一汽轿车坚持以客户价值为导向，建立了国内一流、功能完备的营销服务体系，为用户提供 24 小时全天候高效优质服务。当资源足够完备、获取资源的途径多样且便捷时，逆境的出现可以激发出正面的心理情绪和积极的适应行为，从而加速组织韧性的构建。

（四）精益数字化：联通

精益数字化能够促使制造业企业提升生产灵活性和协同分散资源，在危机发生过程中，精益数字化对案例企业的发展发挥了重要作用。"业务流程管理体系化"与"组织服务整合"是精益数字化在该阶段的表现。企业追求利益最大化，以低成本为导向，利用各种精益工具，包括6σ、精益管理、价值工程、目视管理、准时化生产方式等，彻底消除企业运营各个环节的浪费。精益管理以其标准化为支柱，按照"自上而下与自下而上"相结合的原则，遵循系统运营的思维，将现场、班组、部门、公司各个层面上的活动，从规范化、标准化的视角进行了落实。制造业企业要在体系架构上构建智能融合能力，推动集成产业链上下游企业，形成敏捷响应、透明可视的供应链网络，使柔性定制化制造成为可能，具体表现为精益化供应链体系、大规模个性化定制服务等。

抵抗承受阶段应对与精益数字化联通的典型证据如表8-2所示。

表8-2　　　　　　　抵抗承受阶段应对与精益数字化联通的典型证据

维度	二阶主题	一阶概念	典型证据资料
环境冲击响应	激活环境风险预控体系	聚焦环境稳定性需求	YQ：应对国内外局势、政策法规及行业变化，积极沟通主动出击，确保供货资源稳定。 ZG：围绕振兴实体经济，狠抓"三去一降一补"重点任务，顶住结构转型的阵痛……正在稳步走出结构调整阵痛期
		启动应急预案	YQ：通过车型项目产能和供货风险调查，形成快速响应和风险应对机制，提升资源保障能力。 ZG：在政府发布重污染天气预警期间，严格执行应急预案，采取打砂涂装环节停止作业、减少焊接等措施，努力减排降污
	变革新型职级体系	消除组织职能壁垒	WC：以"组织变革与流程再造"为抓手，所有车型可实现"一站式"维修，去除了冗余的进站次数，致力于以客户为中心的端到端业务流程的贯通。 YQ：我们以"流程化组织建设"管理变革方向为指引，聚焦主价值链深化变革，改革方向由职能推动式转变为客户拉动式
		及时性的可视激励	ZG：使员工"干企业的事就像干自己的事那么认真，花企业的钱就像花自己钱那么省"，建立起的不仅仅是利益共同体，而更是命运共同体。 WC：推出了"揭榜挂帅"方式，即设置竞标激励项目。我们专门为竞标激励项目设立了"作战室"，调集一切可以调动的人员、技术资源，加速产品开发进度

维度	二阶主题	一阶概念	典型证据资料
资源整合重组	整合外部异质性资源	兼收并蓄，系统联动	ZG：公司积极参与智能制造，与爱波瑞公司及紫光公司合作，开展精益管理数字云项目。 YQ：公司陆续与华为、汤臣、采埃孚等国内外顶尖企业发展战略合作伙伴关系，通过推进资源网络优化、体系能力提升，向世界一流的采购竞争力快速迈进
		本土化制造落地	YQ：为了将数字化战略落地，我们制定了整体的工作计划，就是以信息安全为核心和涵盖营销、生产运营、新业务、数字科技基础设施等几大领域的 15 项重点工作。 WC：通过技术输出、产能合作等方式，我们在印度等地建立生产基地，实现了本土化制造的落地
	挖掘内部冗余资源	精益资源再配置	WC：从生产现场向全面管理突破，引导管理部室切入精益生产项目，搭建起企业精益生产管理体系，明确 WOS 精益落地组织架构，实现从"精益生产项目形态"向"精益管理体系常态"的过渡。 ZG：继 2018 年末导入精益管理后持续推进，公司在生产资源的配置、减少浪费、交付能力等方面都有改善和提升
		挖掘差异化竞争优势	ZG：我们没有定位在一个行业上，而是定位在世界多行业的非标机械装备和高端钢制品上。多行业之路可以规避单一行业市场不景气所产生的恶性竞争，可以规避经营的风险。 WC：利用强大的服务能力为客户解决"一站式""一揽子"需求，为客户提供更多的增值服务和差异化服务，提高资源配置效率
组织利益联结	产业链上下游互利共赢	服务共享	WC：潍柴积极倡导节能减排、绿色生产，大力推动行业技术升级进步，与产业链上下游互利共赢发展，与社会各界共享发展成果
		产业链发展	YQ：公司拥有从毛坯原材料到核心零部件、从关键大总成到整车的国内最完整制造体系，加工制造深度位居行业前列
	资源增益	经营业绩稳健	HX：智能纺是转型升级、提升竞争力的一种模式，产品质量持续稳定，一致性好，可以提高生产效率、降低消耗、增加效益。 WC：全流程的质量管控让潍柴动力的新机故障率下降 72%，新产品研发周期缩短 60%，年复合增长率达到了 37%
		服务体系优化	YQ：公司坚持以客户价值为导向，建立了国内一流、功能完备的营销服务体系，……全国平均服务半径 51 公里，为用户提供 24 小时全天候高效、优质服务，处于行业领先水平

维度	二阶主题	一阶概念	典型证据资料
联通	业务流程管理体系化	运营精细化水平	HX：重点致力于智能监测诊断、全生命周期设备动态管理和服务支持、全流程智能化产品的研发、销售与服务。 WC：通过各大系统无缝集成，实现智能工厂科学管理，全面提升运营精细化水平
		精益化供应链体系	HX：通过智能化加快生产流程的创新，发掘传统产业链条中的增值服务环节，在产品设计、工艺、制造、销售等方面广泛运用。 WC：从产品规划、产品研发、工艺优化、采购管理、质量改进、售后服务和精益生产 7 个方面对产品的性能、质量、服务进行了改进
	组织服务整合	大规模个性化定制服务	WC："低成本、高效率、高质量"地满足客户个性化定制需求，为客户创造超预期的价值。 HX：收集整理人体尺寸数据和个性化设计数据，并上传到云平台，为个性定制提供版型支撑
		线上跨层级协作	WC：企业外与客户的信息互动流程，提升了企业数字化、智能化程度。 YQ：创新经销商网络模式，打造 1 + X 线上线下渠道，坚持服务创新和客户精准维系，全面改善售后经营水平

本章提出以下命题：

命题 1：在抵抗承受阶段，企业立即对环境冲击进行响应，在精益数字化联通的情况下，通过外部异质性资源整合和内部冗余资源挖掘的资源整合，创造组织利益。

二、调整恢复阶段

（一）韧性激活：情境识别干预

与抵抗承受阶段不同的是，企业面对不确定环境时，需要迅速高效地响应和处理外部发出的信号，即为情境识别干预，包括"管理层立场感知"与"脆弱性管理"。管理层立场感知是管理者对环境进行自我感知和判断。树立危机意识是管理者面对冲击的思想基础，积极识别组织优劣势，最终聚集各利益相关者的价值认知并达成共识。优秀的企业会想尽办法创造最大利润和最大信任，确保企业时时刻刻保有足够的现金储备或者信任储备，随时准备应付突发危机，一旦危机来临，企业会使用财富储蓄继续维持运行，同时使用信用储蓄让相关者能够主动合作保持发展，而非被动断臂求生。一方面，部分制造业企业在探索自身业务的基础上进行业务的转型，例如，潍柴动力推动"服务型制造落地"；华兴纺织由生产制造型到服务制造型的转变——"跳出纺织做纺织，依靠创新求转型"。另一方面部分案例企业寻找自己公司的优势组合，找到优势发力点，实现柔性生产。例如，潍柴动力将传统业务与新兴业务板块相结合，发挥战略优势，持续发力。

（二）韧性结构调整：链合创新技术

一是构建创新驱动战略。面对疫情冲击、行业竞争加剧等考验，创新是企业发展与转型的动力，因此部分案例企业发展创新驱动战略，不断打造核心竞争优势。一方面创新商业模式，包括从运营控制、项目管控、产品研发、工艺技术、生产制造、采购供应、质量保证、营销服务、人力资源管理等方面进行全方位全过程的创新；另一方面企业进行开放共赢的联合创新，如潍柴动力坚持"自主创新＋开放创新＋工匠创新＋基础研究创新"四位一体的创新，华兴纺织通过智能化加快生产流程的创新，寻求全新的管理与服务模式，带动传统生产方式的新变革。

二是技术研发创新协同化。技术产品的研发是制造业企业进行创新的核心，技术创新手段包括信息化技术、低成本自动化、自主研发设备、工艺流程创新等，制造业服务化对技术创新具有显著的正向影响。一方面，部分案例企业搭建研发创新平台，大力引进高端人才，营造良好的创新生态。例如，一汽轿车构建了从前瞻技术、发动机、变速器、车桥到整车的强大和完整的自主研发体系，突破了27项核心技术，形成了576项专利；潍柴动力与博世、AVL、FEV等世界知名企业、科研机构等建立深度战略合作，形成创新平台。另一方面，部分案例企业进行精益化、数字化、智能化发展，强化新技术研发和商品化。例如，一汽轿车打通上下游物料清单（BOM）信息，聚焦市场用户需求，推行"智联质享"新技术战略；潍柴动力已布局电池电堆、电控、电机、空压机、双极板等关键核心技术，目前氢燃料电池行业处于示范运营和逐步推广阶段，公司正通过研发降低成本及创新模式推动商业化快速落地。

（三）韧性表现：组织效益增值

企业通过韧性结构调整，在调整恢复阶段表现出创新后的组织效益增值，包括市场核心竞争力与企业适应能力的提升。企业深耕细分市场，优化自身企业产业结构，把产品做精、做细、做好，精准细分市场客户，为市场开拓赋能增力。天津重钢机械的产品定位在世界多行业的非标机械装备和高端钢制品上，多行业的特点使公司经营受单一行业市场不景气影响小；一汽轿车产品主要用于牵引、载货、自卸、专用、公路客运、公交客运等各个细分市场，同时提供标准化、定制化的商用车产品。

制造业企业的韧性实现需要两个维度的动态平衡：一是柔性生产与市场之间的协调平衡，监控市场动态，根据竞争形势，适时调整营销策略。例如，华兴纺织通过精益化的价值流、标准化、平准化、持续改进四大利器，围绕市场客户需求，建立以订单为核心、数据驱动的业务流程，形成柔性订单生产方式；一汽轿车复工后紧盯客户需求和变化，优化生产计划管控方式。二是供产销之间的动态平衡，面向细分竞争市场的供应商采取分级管理策略，通过降本增效、发挥规模效应提升利润率，扩容组织效益。例如，一汽轿车聚焦新业务发展需求，"研产供销 + 数字化"多维度优化组织结构。潍柴动力将市场定位按照高、中、低端纵向分级；按照市场和产品定位匹配相应能力和层次的供方，将产品平台按照大、中、小型横向分区，实现"市场 + 产品"的矩阵式定位管理；根据零部件特点，对不同类型的供应商采取分类管理，实现供应链差异化竞争优势。

（四）精益数字化：集成

数字化是企业调整恢复阶段的重点，精益为基是企业数字化实现的根本保证。以往企业资源要素的调配是定性的、宏观的，带有很强的滞后性，往往需要多次迭代改进才能实现最优，而通过过程的数字化，借助附着于数字的信息，企业有能力进行实时测量和分析，通过数学模型运算找到关键问题和解决方法，从而进行实时调度，一步到位找到最优。

一方面是进行数据智能化管理，包括信息化采购管理、数字化仿真设计、生产过程的数据实时监控、全模型数据建仓、线上线下销售管理等方面。另一方面是数据深层次挖掘。通过生产数据分析产品质量，控制产品生产过程；通过分析客户信息，精准触及客户需求；通过移动 App 实现维修人员过程跟踪，如派工轨迹记录、现场拍照、一键报单。例如，一汽轿车公司将通过多年积累的用户数据、驾驶习惯、地貌特征等资源，依托解放智慧动力域实现高智能、高可靠、低总拥有成本（TCO）的核心价值，降低对司机驾驶技术的依赖，为用户提供最优的驾驶策略；潍柴动力通过直观展示生产运行情况，实现生产过程透明化，管理可视化、移动化、云化，形成以精益为导向的智能生产系统。

调整恢复阶段应对与精益数字化集成的典型证据如表 8 - 3 所示。

表 8 - 3   调整恢复阶段应对与精益数字化集成的典型证据

维度	二阶主题	一阶概念	典型证据资料
情境识别干预	管理层立场感知	管理者危机识别意识	ZG：自利和信息不对等就会使管理问题层出不穷，让管理者疲于应对。 YQ：迅速转变观念，树立危机意识，积极有序开展各项工作，经营业绩成功实现扭亏为盈
	脆弱性管理	识别组织优劣势	YQ：开展用户抱怨调研，识别并规避痛点。 WC：面对行业的周期性回落，我们对发动机、动力总成等传统业务板块……大缸径、智能网联、自动驾驶等新兴业务要发挥战略优势，在收入和利润方面接续发力，起到补充作用。 ZG：采取组合拳战略，寻找自己公司的优势组合，赢得客户的安心满意，从而取得博弈价格的能力
		风险全过程管理	YQ：推进全面风险管理，系统识别风险，提升公司抵御风险的能力，缩短反应周期，使运营管理和风险控制走向科学化和精确化
链合创新技术	创新驱动战略	创新商业模式	WC：以信息化技术创新商业模式，关注重点已从产品制造扩展到产品全生命周期和客户经营全过程。 HX：创新商业模式，使传统产业与现代新兴产业相互支持良性发展，共生共赢，真正走出一条纺织行业的"蓝色之路"
		开放共赢的联合创新	WC：自主创新不是另起炉灶，而是站在巨人的肩膀上，兼收并蓄集大成，在提高自主创新能力、掌握世界最先进技术上下功夫。 YQ：加速核心技术、卡脖子技术攻关，关键核心技术扎实推进；加强知识产权管理，自主技术创新不断提速

续表

维度	二阶主题	一阶概念	典型证据资料
链合创新技术	技术研发创新协同化	产学研一体化研发格局	YQ：构建了从前瞻技术、发动机、变速器、车桥到整车的强大和完整的自主研发体系，形成一支超过 3000 人的高效协同研发团队。 WC：依托集团的发展与研究院所、高校、软件企业、硬件厂商展开全方位的合作，形成更多具有自主知识产权的核心软件优势
		智能化快速设计系统	YQ：管理产品开发数据（设计文档、2D 和 3D 图样）、开发流程、试制模块及工艺路线模块等。 WC：设计研发业务域以产品数据管理（PDM）为核心，实现了研发业务域项目管理、产品全生命周期管理和产品数据管理
组织效益增值	市场核心竞争力	聚焦细分市场	ZG：我们大家都知道，要想做得好，在行业内，要么成为第一，要么就再细分一个市场，成为第一；如果做不了第一，就做唯一。 YQ：公司产品主要用于牵引、载货、自卸、专用、公路客运、公交客运等各个细分市场，同时提供标准化及定制化的商用车产品
	企业适应能力	柔性协作能力稳健	WC：通过设备/生产线和工艺的智能化升级以及车间级工业通信网络基础环境搭建，使车间具备充分的柔性化生产能力。 HX：落地"智能化引领，精益化支撑"战略，实现高柔性、高效率、低成本、短交期、高品质的核心竞争优势
		发挥规模效应	WC：苦练"内功"，通过降本增效，提升利润率及产品竞争力。2020 年，潍柴发动机销量已突破 100 万台，拥有无可比拟的"规模效应"优势，可根据不同细分市场开展针对性研发，从供、产、销全方位降成本，赋能利润提升
集成	数据智能化管理	全模型数据仓库	WC：财务、生产、质量、市场（销售）等领域的全模型数据建仓，在车间制造过程中通过增加传感器、设备改造等方式获取模型数据
		搭建数字化研发体系	WC：打造端到端的智慧研发体系，实现设计、仿真、试验一体化，支撑了全球研发体系高效协同。"信息化、智能化、数字化"技术应用使潍柴新产品开发平均时间从 24 个月缩短到 18 个月
	数据深层次挖掘	数字化人才培养	WC：集团根据大数据业务开展需要，进行了大规模全员培训。 YQ：我们还有一个小团队，专门研究未来数字化业务的发展及业务规划等工作，……跟上国际主流企业才有保证
		挖掘数据价值	YQ：围绕办公等领域，通过数据平台建设和分析应用，运营决策效率加速提升。 WC：公司通过大数据对重卡市场的区域一线支撑和经销商促销效果进行分析后，借助大数据技术寻找海外新销售增长点

本章提出以下命题:

命题 2:在调整恢复阶段,企业需要迅速高效地响应和处理外部发出的信号,在精益数字化集成的情况下,通过创新驱动战略和技术研发创新协同,表现出组织效益增值。

三、复原成长阶段

(一) 韧性激活:战略层面调整

2020 年新冠肺炎疫情的暴发,企业管理者面临经营困境和生死抉择,需要重新反省经营的要点。在复原成长阶段,企业需要从战略高度出发提高竞争力,不断挖掘和打通各流程中存在的痛点,提高横向、纵向链接和协同的水平,实现产业链的互联互通、共享共赢。

一是发展垂直全产业链再造战略,企业将上中下游进行连接,构建数据平台以及全产业链生态圈。例如,潍柴动力建成集研发、测试、检验、试制等功能于一体的国际一流水平的燃料电池产业园,形成了完整产业链检验检测能力;从纤维原料、纱线到终端消费者整个产业链,华兴纺织抓住产业链核心的两头,带动产业中间协同发展。

二是发展横向多元化发展战略,使产品不断走向高附加值、高端化应用领域,提高产品异质化优势,促进产业发展。例如,华兴纺织形成了一套独特的差异化增值模式,选定海洋生物高分子新纤维——纯壳聚糖纤维,通过加工应用到不同领域来实现产品价值增值。

三是以“一带一路”建设为契机,制造业企业推进产业全球布局,加强国际合作与战略重组,实现国产化制造业模式的落地。华兴纺织建设哈萨克斯坦现代棉花基地,采用项目运作模式,在巴基斯坦建设现代纺织产业园;天津重钢秉承为世界高端客户提供高质量产品的理念,继续深耕老客户、开发新客户;潍柴动力收购美国 PSI 公司股份,为公司进入美国市场提供了良好平台,潍柴马兹合资公司在白俄罗斯中白工业园正式奠基,未来将成为潍柴海外发动机本地化制造和推进国际产能合作的又一重要基地。

(二) 韧性思想调整:引领组织思想

韧性思想调整是企业通过思想转变实现行为的变化,包括冲击的危机思想、产品的成本思想、生产过程的精益思想、组织的战略思想、以客户为中心的服务思想等，实现对企业整体的行为改变。但企业内思想易于多元化，意识的冲突、认知的偏差、信息的错位等都将使组织内正熵增加，因此对于引入精益管理，企业有了更清晰的目的和目标，就是建立企业稳健经营的管理基础。精益管理不仅能帮助企业发现浪费，持续改善，实现准时化和自働化生产，而且可以修补企业短板，修正企业精益文化，增强企业内部体质，构建持续经营的能力。

一方面，构建多元化服务客户的理念，增强客户黏性。例如潍柴动力开发后市场理念，并建立完善的客户需求响应机制和科学的顾客满意度调查流程，持续改进产品和服务质量。拥有以旗舰站为核心的"6000＋规模"的国内服务网络，并打造高质量全球呼叫中心，为客户提供 24 小时×365 天的全时热线服务。另一方面，精益数字化的最终目标是人才培养和体制建设，而非仅提高质量和降低成本，为企业营造一种"全员主动参与，持续改善"的精益文化，促进员工的参与积极性。例如，天津重钢为员工搭建表演的平台，使全员贴近客户，搞好以用户利益为中心的链接，打造企业的生态链，而不是以企业利益为中心的产业链；天津重钢形成团队"螺丝钉精神"——找准位置，钻进去，持久地拧在那里，任何时候都以认真、踏实、兢兢业业的态度对待工作，一丝不苟，精益求精，最大限度地做到最好。

（三）韧性表现：组织责任驱动

一个良性的企业其根本是造福于民，只有造福于民才能扎根于民，履行社会责任、提升社会形象也是中国制造企业的韧性表现。

一是制造业作为中国的实体行业，对推动经济的发展和行业更高更强发展具有义不容辞的责任。2020 年，潍柴动力潍坊本部招聘应届毕业生 1140 余人，缓解了当地就业压力；高标准建设国际配套产业园，并吸引带动几十家国内外知名企业入驻，通过培育和发挥产业集群优势，助力潍坊打造国际动力城，推动经济社会发展。

二是积极响应国家政策，节能减耗，推动公司与社会各界尤其是与利益相关方的利益分享，增进相互理解与认同，更好地履行企业社会责任。华兴纺织构建智能纺，共享发展成果，在全行业进行推广，从而带动纺织行业智能化水平的整体提升；一汽轿车强化节能环保目标责任制，加强节能减排责任考核评估，全力支持国家"碳达峰、碳中和"目标的实现。

三是服务社会，致力于实现企业与社会共赢发展。例如，潍柴动力一直模范履行社会责任，积极投身社会公益活动和慈善事业，在志愿服务、扶贫救灾、捐资助学等方面做出积极贡献，树立了良好的形象。2020年新冠肺炎疫情暴发，一汽轿车与潍柴动力聚焦疫情防控和复工复产两大任务，实现了零病例、零输入。同时，全面排查供应商物料、生产、运输情况，加强信息沟通，提前识别需求、平衡资源、规避风险，携手供应商克服人员不足、物流阻碍等困难，重点帮扶疫区供应商，全力保障供应资源及时到位。

（四）精益数字化：赋能

精益数字化正是传统制造业企业突破生产管理瓶颈和迈向智能制造的关键手段，传统制造业企业通过推行精益数字化可大幅提高生产运营和管理水平，提高生产效率和综合竞争力，从而达到提升行业整体竞争力的目的。一方面，利用精益化、数字化、智能化改善全生命周期设备动态管理和服务支持、全流程智能化产品的研发、销售与服务，全面提升运营精细化水平。例如，华兴纺织认为智能化引领、精益化支撑是一个复杂的系统工程，能给企业带来方方面面的变化，包括企业文化、企业战略、业务流程、客户关系等。另一方面，构建智能制造系统平台，智能制造通过融合物联网、知识网和人际网，具备了"智慧"所定义的感知、判断和行动能力。例如，一汽轿车应用行业优势资源，打造车端、路端、云端技术集群，快速实现智能化产业落地目标。

复原成长阶段应对与精益数字化赋能的典型证据如表8-4所示。

表8-4   复原成长阶段应对与精益数字化赋能的典型证据

维度	二阶主题	一阶概念	典型证据资料
战略层面调整	垂直全产业链再造战略	聚合资源服务平台	YQ：面向变革推行，重点围绕流程、资源等方面，强化资源和措施保障……实现IT领域资源集中和规划统一。 WC：建立了垂直覆盖广大客户群体的全球销售和服务网络，……与客户建立了基于全价值链范围的长期合作关系
		利益共同体建设	WC：中国重汽、陕重汽、中通、亚星等企业都是潍柴动力的上下游客户，与其共同打造行业领先优势。 YQ：由一汽一大众与大众中国合资成立、一汽一大众控股的摩斯智联科技有限公司……全方位满足用户对产品、服务数字化的需求

维度	二阶主题	一阶概念	典型证据资料
战略层面调整	横向多元化发展战略	产品异质化调整	WC：全力推动工程机械液压动力系统、农业装备 CVT 动力总成开发，打破国外技术封锁，建立产品差异化优势。 HX：集团摸索总结了一套独特的差异化增值模式：回收废弃的虾蟹壳加工制作成壳聚糖，再制作成海斯摩尔的纯壳聚糖纤维，通过面料、无纺布或纱线等制品加工到面膜、卫生巾、纸尿裤、内衣等成品，加工应用于医疗领域的生物医疗产品，如医用的外科植入膜类产品、手术缝合线等高附加值产品，海斯摩尔会在原有基础上再实现十万倍的增值
		协同打造产业集群	HX：整合资源，以工业化思维带动农业发展，培育"1 + N"模式的产业集群，形成竞争能力强的现代化新型高端棉花产业基地
	国际化战略	国际合作与收购	WC：2009 年 1 月，潍柴动力收购法国博杜安公司，从此开启了潍柴动力的国际化之路。 ZG：承接了上海迪士尼过山车、德国矿用天轮、日本环保型高效电弧炉等精品项目，公司的品牌形象在业内得到大幅度提升
		模式的复制和输出	WC：潍柴先后并购具有百年历史的法国博杜安发动机公司，战略重组豪华游艇制造企业意大利法拉帝集团，与工业叉车及服务提供商德国凯傲集团战略合作，并购德国林德液压并实现国产化落地 HX：输出华兴智能制造模式复制标准，打造华兴集团全产业链智能制造商业生态圈
引领组织思想	客户服务集约化	多元化客户需求管理	WC：发动机后市场理念是潍柴动力于 2012 年在业界首次提出的，是指发动机销售以后，围绕发动机使用过程提供的各种服务，它涵盖了消费者购买产品后所需要的一切服务，如定期保养、更换备件、添加机油燃油、维修服务、再制造和金融服务支持等
		增强客户黏性	ZG：获得客户和业主高度评价，客户信赖度、忠诚度明显增强。 WC：潍柴发动机很少出问题，即使出了问题，我们会立即派人过去解决，免除客户的后顾之忧。可以说，我们一年 3 亿多元的业务量都是由优质的服务带来的
	文化塑造	精益思想引领	ZG：尊重人性，持续改进，用精益思想指导生产，不断提质增效，开源节流。 WC：2011 年 5 月，聘请管理专家，组建了专业的管理团队，成立了精益办公室，采取自上而下的方式，全员参与，精益生产、准时化生产、看板式管理、自动化生产等先进的生产方式被引进并推行
		数字化全员参与战略	WC：潍柴动力的流程信息化一直给企业全体员工"洗脑"。 YQ：为了将数字化战略落地，他们制定了整体的工作计划……全面推进公司的数字化转型

维度	二阶主题	一阶概念	典型证据资料
组织责任驱动	趋势引领	引领制造业商业氛围	WC：目前，潍柴动力已掌握重型商用车、液压、农业装备 CVT、新能源动力总成四大动力总成核心技术，并超前布局商用车智能网联等前沿科技，引领企业迈向高端，引领行业发展。 YQ：我们坚持自主创新，以战略为指引，以创新为驱动，建立开放式自主创新体系和研发机制……引领汽车行业新未来
		带动产业集群发展	WC：2020 年，实现产销各类发动机超过 100 万台，位列全球第一，形成全球最大的柴油机产业集群
	履行社会责任	开展公益及志愿活动	WC：在快速发展的同时，潍柴动力一直模范履行社会责任，积极投身社会公益活动和慈善事业，在志愿服务、扶贫救灾、捐资助学等方面做出积极贡献，树立了良好形象。 YQ：承诺每卖出一辆解放卡车，就拿出 10 元钱投入公益事业
		全力保障复工复产	YQ：2020 年，我们率先启动复工复产，成为行业内第一个复产、第一个满产的企业，为笼罩在疫情阴影下的汽车行业带来了积极影响。 WC：统筹疫情防控各项工作，形成疫情防控情况快报 227 份，上报各级主管部门报表 130 余份，实现了零病例、零输入
赋能	全生命周期赋能	研发赋能	WC：过去 5 年，潍柴动力研发投入累计超过 300 亿元，2020 年研发投入占比达到 4.2%，是装备制造业中研发投入占比最高的企业之一
		产品生产赋能	YQ：我们在冲压、焊装、涂装、总装和匹配等领域应用了数字化工厂技术，特别是在产品开发阶段和生产准备阶段……进行初步工艺规划、物流规划及工艺布局规划等工作。 HX：华兴纺织通过物联标识、设备集成、工业控制网等共性技术的应用，实现从原料投入到成包入库全自动生产线，提高生产效率 30%，缩短产品生产周期 35%，降低人工成本达 70%，综合运营成本降低 25%
	智能制造系统平台	打造精益化智能工厂	WC：潍柴打造了基于自身特色的 WPS 生产管理体系……实现了生产过程透明化，形成了以精益为导向的智能生产系统。 HX：实现智能化工厂，对公司原有两个分厂进行智能化升级改造……确立战略性的信息系统运营体制，完成智能公司建设
		企业管理系统云化	WC：依托强大的信息化技术，潍柴动力搭建起车联网"智慧云"平台，向产业链下游的整车厂、经销商、终端客户、维修站提供云服务。 YQ：应用行业优势资源，打造车端、路端、云端技术集群，快速实现智能化产业落地目标

本章提出以下命题：

命题3：在复原成长阶段，企业需要从战略层面进行调整，在精益数字化赋能的情况下，通过思想转变来提高企业纵向、横向链接和协同的水平，从而表现出更高的社会责任感。

本 章 小 结

本章根据耗散结构理论探讨精益数字化的嵌入对组织韧性的影响，最终构建提高组织韧性的路径。其中，组织韧性的形成逻辑为"韧性激活→韧性调整→韧性表现"，在此逻辑关系下存在三个纵向演化阶段：抵抗承受阶段、调整恢复阶段、复原成长阶段。在不同阶段利益相关者之间的合作演进从松散态势到网络核心凝聚最后到多点局部核心均衡，通过产品异质化调整，延伸了产业链，形成了合作网络演进的进程。不同类型制造业企业在"异质资源稀缺、御险能力薄弱"的情境下，根据精益数字化的持续推进，从资源、结构、思想（文化）等方面进行调整，最终形成稳定有序的局部均衡。

第九章

研究结论与展望

第一节　研究结论

本书以产权性质异质为切入点，一是分别分析了国有性质与民营性质的传统制造企业精益数字化推行主体的情绪与策略选择之间的演化机理；二是对国有和民营企业的企业规模进行细分，探讨了在产权性质与规模结构的交叉影响下企业精益数字化的推行体系；三是在精益数字化推行体系基础上，从组态视角出发分别探讨了两种产权性质的传统制造型企业在"点线面体"阶段的多元推行组态路径；四是构建评估指标体系与模型，分别评估了两种产权性质的案例企业在"点线面体"阶段的精益数字化路径方案的推行情况及企业综合推行水平；五是针对两种产权性质的传统制造型企业，应用动态博弈模型分别分析了横向、纵向监督对精益数字化推行中主体参与激励机制的影响，并根据研究结果总结提炼管理建议。通过研究，得到以下结论：

第一，不论是国有性质还是民营性质的企业，在情绪影响下精益数字化推行主体的策略选择都是动态变化的，且相较于乐观情绪，悲观情绪对策略选择的影响程度更大。具体来说，双方均具有情绪时，如果其中一方选择"对抗性"策略，即"低效推行"或"消极参与"，若另一方受悲观情绪影响，则双方策略演化结果可能为完全对抗，即策略均衡趋向于（低效推行，消极参与）。若另一方受乐观情绪影响，则双方策略演化结果可能为对抗合作，即（低效推行，积极参与）或（高效推行，消极参与）。若其中一方选择"合作性"策略，即"高效推行"或"积极参与"，另一方的情绪若为悲观或极度乐观，策略演化结果仍为对抗合作，受乐观且非过于乐观情绪影响时，双方策略演化结果可能为完全合作，即（高效推行，积极参与）。此外，相较于国有企业，民营企业员工的策略感知更为敏感。

第二，对于国有性质的传统制造型企业而言，大型企业的精益数字化推行体系需按照"体→面→线→点"自上而下方式，同时推行精益化与数字化；中型企业的最优推行体系需按照"设计→生产→物流→销售→服务"的流程，同时推行精益化与数字化；小型企业的最优推行体系需按照"设计→生产→物流→销售→服务"产品生产流程，先推行精益化，再推行数字化。对于民营性质的传统制造型企业而言，大型企业的精益数字化推行体系需按照"体→面→线→点"自上而下方式，精益化与数字化同时推行；中型企业的精益数字化最优推行体系需按照"点→线→面→体"自下而上的方式，精益化与数字化同时推行；对于小型企业来说，精益数字化的最优推行体系需按照"点→线→面→体"自下而上的方式，在企业中先推行精益化，再推行数字化。

第三，"点线面体"阶段推行精益数字化的影响因素不同，因素之间存在一种多重并发因果关系，所有影响因素都不能单独作为高效或低效推行精益数字化的必要条件，需排列组合以组态的形式共同发挥作用。国有性质和民营性质的传统制造型企业对资源的运用逻辑存在差异，"点线面体"阶段均有多条精益数字化转型路径且各有侧重。"点"阶段国有传统制造企业重视数字信息系统的全方位覆盖，民营传统制造企业高效推行精益数字化最重要的条件是现场物理实体与数字虚体双向动态交互；"线"阶段国有传统制造企业阶段需集成库存/生产/订单数据，民营传统制造企业必须重点关注柔性制造、并行工程；"面"阶段国有传统制造企业和民营传统制造企业均应首要关注供应链能否全面协同；"体"阶段国有传统制造企业需重点借助内外部专业经营管理团队的力量，民营传统制造企业除配备专业经营管理团队外，还需确保精益数字化文化的导入和落地。

第四，构建的精益数字化推行水平评估模型，评估结果较为可靠，可解释性强，可为科学评估传统制造型企业的精益数字化推行水平提供一个较为合理的方法。同时，通过案例企业的精益数字化路径方案推行情况的对比，进一步验证了多元推行路径的科学性。

第五，对于国有性质的传统制造型企业来说，在激励动态一致下的精益数字化推行初期，管理者应积极发挥横向监督的作用，通过培训的方式提升员工对精益的认识水平，降低努力成本系数；精益数字化推行后期，管理者在塑造以人为本的企业文化的基础上，充分调动员工的积极性与创造力；在激励动态不一致下推行企业精益数字化时，有纵向监督策略时需根据员工的努力程度改变策略，横向监督与员工参与精益数字化的努力程度无关，只要进行监督收益就会增加，但"棘轮效应"的存在会造成横向监督对团队绩效产生负面效应。同时，在企业精益数字化推行中，员工的同事压力敏感度、团队产出误差等对管理者的纵向监督产生影响。当横向监督与纵向监督相结合时，员工的努力程度达到最大，但也要注意压力太大对员工造成的保留努力的现象。

第六，企业组织必须主动地改变其组织结构要素之间的相互关系形成新的组织结构模式，来实现组织与变化后环境之间新的平衡，这一过程正是组织韧性形成的过程。根据耗散结构理论，组织韧性的形成过程需要消耗巨大的能量，组织韧性的形成逻辑为"韧性激活→韧性调整→韧性表现"，韧性的形成不是"一次性"的过程，而是在循环反复中不断迭代。精益数字化的嵌入为企业组织韧性的形成提供了新的捷径，提高了组织在不利因素冲击下的恢复与反弹速度。智能制造是实现资源精益再配置，是推动制造行业转型升级的关键，精益数字化的推进对组织韧性的影响主要表现在联通、集成和赋能三个方面。

第二节　未来研究趋势

第一，在讨论精益数字化的推行机理部分，本书假设高层管理者对精益数字化的推行持积极态度，仅探讨了第三方咨询团队与企业员工二者情绪对各自行为的影响机理，并未将高层管理者纳入博弈模型，未来可考虑高层管理者情绪对精益数字化推行的影响，分析高层管理者、第三方咨询团队与企业员工三方主体情绪影响下的精益数字化推行策略演化机理。

第二，在研究精益数字化的推行体系部分，本书以产权性质为主要切入点，在分析精益数字化推行体系时仅考虑了企业规模结构对精益数字化推行的影响，未来可进一步探究规模结构与产权性质的交叉影响下精益数字化推行路径以及精益数字化推行效果评估中的异同。

第三，在分析精益数字化的推行路径部分，为保证逻辑条件组合的一致性和覆盖度均能取得良好水平，本书在构建模型时并未考察太多因素，研究结论仅由本次样本观测结果得出，不能排除其他高效推行精益数字化路径存在的可能，未来可深入研究精益数字化推行的影响因素。且本书运用 fsQCA 方法分析得到了两种产权性质企业在"点线面体"阶段的精益数字化多元推行路径，但并未深入分析每条路径对结果的驱动程度与效果，在未来的研究中可以引入其他方法定量测度每条路径的驱动力，以使结论更富解释力。

第四，在探究精益数字化的推行水平部分，在检验企业精益数字化推行水平评估模型时，各选取了一家精益数字化推行效果较好的国有和民营企业作为案例，后续研究可以设计多组案例，每组含多个企业，以增强结论的说服力。

主要参考文献

［1］宝斯琴塔娜、齐二石：《基于精益设计的离散制造系统布局优化理论框架》，载《系统科学学报》2017年第2期。

［2］卞亚斌、房茂涛、杨鹤松：《"互联网＋"背景下中国制造业转型升级的微观路径——基于微笑曲线的分析》，载《东岳论丛》2019年第8期。

［3］曹红军、卢长宝、王以华：《资源异质性如何影响企业绩效：资源管理能力调节效应的检验和分析》，载《南开管理评论》2011年第4期。

［4］曾繁华、侯晓东、吴阳芬：《"双创四众"驱动制造业转型升级机理及创新模式研究》，载《科技进步与对策》2016年第23期。

［5］常若涵、牛占文、刘超超：《精益实践对企业运营绩效的影响——内部整合的中介作用》，载《工业工程与管理》2018年第6期。

［6］陈畴镛、徐申迪：《浙江省制造业全要素生产率变动及影响因素研究——基于20个行业面板数据的实证分析》，载《浙江学刊》2017年第6期。

［7］陈春花、朱丽、钟皓等：《中国企业数字化生存管理实践视角的创新研究》，载《管理科学学报》2019年第10期。

［8］陈冬梅、王俐珍、陈安霓：《数字化与战略管理理论——回顾、挑战与展望》，载《管理世界》2020年第5期。

［9］陈罡：《智能制造背景下的制笔行业大规模个性化定制模式的探索》，载《中国制笔》2016年第4期。

［10］陈剑、黄朔、刘运辉：《从赋能到使能——数字化环境下的企业运营管理》，载《管理世界》2020年第2期。

［11］陈敬武、班立杰：《基于建筑信息模型促进装配式建筑精益建造的精益管理模式》，载《科技管理研究》2020年第10期。

［12］陈明、梁乃明、方志刚：《智能制造之路：数字化工厂》，机械工业出版社 2016 年版。

［13］陈伟、陈银忠、杨柏：《制造业服务化、知识资本与技术创新》，载《科研管理》2021 年第 8 期。

［14］陈晓红：《数字经济时代的技术融合与应用创新趋势分析》，载《社会科学家》2018 年第 8 期。

［15］陈煜波、马晔风：《数字人才——中国经济数字化转型的核心驱动力》，载《清华管理评论》2018 年第 Z1 期。

［16］程敬华：《韦伯社会科学方法论的内在逻辑》，载《北方论丛》2016 年第 5 期。

［17］戴锦：《国企改革的目标应从以往的"政企分开"进一步深化为"优化政企关系"》，载《经济研究参考》2013 年第 60 期。

［18］戴勇：《传统制造业转型升级路径、策略及影响因素研究——以制鞋企业为例》，载《暨南学报（哲学社会科学版）》2013 年第 11 期。

［19］党兴华、李雅丽、张巍：《资源异质性对企业核心性形成的影响研究——基于技术创新网络的分析》，载《科学学研究》2010 年第 2 期。

［20］杜朝晖：《经济新常态下我国传统产业转型升级的原则与路径》，载《经济纵横》2017 年第 5 期。

［21］杜传忠、杨志坤、宁朝山：《互联网推动我国制造业转型升级的路径分析》，载《地方财政研究》2016 年第 6 期。

［22］冯晓莉、耿思莹、李刚：《改革开放以来制造业转型升级路径研究——基于微笑曲线理论视角》，载《企业经济》2018 年第 12 期。

［23］付宏、刘其享、汪金伟：《智能制造、劳动力流动与制造业转型升级》，载《统计与决策》2020 年第 23 期。

［24］耿秀丽、董雪琦、徐士东：《灰色关联分析与云模型集成的方案评价方法》，载《计算机应用研究》2018 年第 8 期。

［25］龚丽敏、江诗松：《多理论视角的新兴经济企业战略与行为研究最新进展》，载《外国经济与管理》2014 年第 7 期。

［26］古利平、张宗益：《中国制造业的产业发展和创新模式》，载《科学学研究》2006 年第 2 期。

［27］郭海、韩佳平：《数字化情景下开放式创新对新创企业成长的影

响：商业模式创新的中介作用》，载《管理评论》2019 年第 6 期。

[28] 郭伟锋、王汉斌、李春鹏：《制造业转型升级的协同机理研究——以泉州制造业转型升级为例》，载《科技管理研究》2012 年第 23 期。

[29] 郭旭东：《走出危机：上海制造业企业转型的"纵横"路径》，载《上海经济研究》2009 年第 7 期。

[30] 韩晶、孙雅雯、陈曦：《后疫情时代中国数字经济发展的路径解析》，载《经济社会体制比较》2020 年第 5 期。

[31] 何大安：《互联网应用扩张与微观经济学基础——基于未来"数据与数据对话"的理论解说》，载《经济研究》2018 年第 8 期。

[32] 何文彬：《数字化推动中国制造业价值链高端化效应解析——基于全球价值链视角》，载《华东经济管理》2020 年第 12 期。

[33] 何桢、韩亚娟、张敏、张凯：《企业管理创新、整合与精益六西格玛实施研究》，载《科学学与科学技术管理》2008 年第 2 期。

[34] 贺正楚、潘红玉：《德国"工业 4.0"与"中国制造 2025"》，载《长沙理工大学学报（社会科学版）》2015 年第 3 期。

[35] 侯光明、郑刚、石秀、景睿：《制造业互联网转型中的组织创新及其影响因素》，载《技术经济》2018 年第 7 期。

[36] 侯建、陈恒：《中国高专利密集度制造业技术创新绿色转型绩效及驱动因素研究》，载《管理评论》2018 年第 4 期。

[37] 侯彦全、程楠、侯雪：《远程运维服务模式研究——以金风科技为例》，载《工业经济论坛》2017 年第 2 期。

[38] 胡汝银：《从智能制造到经济与社会全方位智能化重塑》，载《上海对外经贸大学学报》2020 年第 5 期。

[39] 胡元聪、曲君宇：《智能无人系统开发与应用的法律规制》，载《科技与法律》2020 年第 4 期。

[40] 黄昌夏：《精益与数字化矛盾吗?》，载《今日制造与升级》2019 年第 6 期。

[41] 黄群慧：《改革开放 40 年中国的产业发展与工业化进程》，载《中国工业经济》2018 年第 9 期。

[42] 黄顺魁：《制造业转型升级：德国"工业 4.0"的启示》，载《学习与实践》2015 年第 1 期。

［43］吉峰、张婷、巫凡：《大数据能力对传统企业互联网化转型的影响——基于供应链柔性视角》，载《学术界》2016年第2期。

［44］贾根良：《第三次工业革命与工业智能化》，载《中国社会科学》2016年第6期。

［45］江志斌、周利平：《精益管理、六西格玛、约束理论等工业工程方法的系统化集成应用》，载《工业工程与管理》2017年第2期。

［46］姜忠辉、罗均梅、孟朝月：《动态能力、结构洞位势与持续竞争优势——青岛红领1995—2018年纵向案例研究》，载《研究与发展管理》2020年第3期。

［47］颉建新：《钢铁制造流程智能制造与智能设计的分析及研究》，中国环境科学学会（Chinese Society for Environmental Sciences）2018中国环境科学学会科学技术年会论文集，2018年8月。

［48］康志男、王海燕：《基于智能制造视角的中国香港再工业化探究》，载《科学学研究》2020年第4期。

［49］孔伟杰：《制造业企业转型升级影响因素研究——基于浙江省制造业企业大样本问卷调查的实证研究》，载《管理世界》2012年第9期。

［50］赖红波：《传统制造产业融合创新与新兴制造转型升级研究：设计、互联网与制造业"三业"融合视角》，载《科技进步与对策》2019年第8期。

［51］李金华：《中国先进制造业的发展现实与未来路径思考》，载《人文杂志》2020年第1期。

［52］李晶：《工业产业背景下机械制造及其自动化的发展方向》，载《中国设备工程》2020年第14期。

［53］李君、成雨、窦克勤、邱君降：《互联网时代制造业转型升级的新模式现状与制约因素》，载《中国科技论坛》2019年第4期。

［54］李廉水、石喜爱、刘军：《中国制造业40年：智能化进程与展望》，载《中国软科学》2019年第1期。

［55］李孟原、陈晓荣：《互联网情境下制造企业转型升级绩效的影响因素体系研究——基于DEMATEL方法》，载《上海管理科学》2019年第4期。

［56］李芊、刘晓惠：《基于精益管理的装配式建筑智慧化管理体系研究》，载《科技管理研究》2019年第22期。

［57］李四海、李晓龙、宋献中：《产权性质、市场竞争与企业社会责任行为——基于政治寻租视角的分析》，载《中国人口·资源与环境》2015年第1期。

［58］李晓华、王怡帆：《数据价值链与价值创造机制研究》，载《经济纵横》2020年第11期。

［59］李莹、曲晓辉：《高管自恋与公司过度投资——基于产权异质性视角》，载《税务与经济》2021年第5期。

［60］李兆辰、杨梦俊、郑世林：《国有企业改革与中国地区经济发展》，载《中国经济史研究》2018年第2期。

［61］梁泳梅：《传统制造业优化升级："十三五"回顾与"十四五"展望》，载《当代经济管理》2021年第1期。

［62］林琳、吕文栋：《数字化转型对制造业企业管理变革的影响——基于酷特智能与海尔的案例研究》，载《科学决策》2019年第1期。

［63］林毅夫、李志赟：《政策性负担、道德风险与预算软约束》，载《经济研究》2004年第2期。

［64］刘检华：《智能制造与工业4.0、数字化制造的异同》，载《国防制造技术》2016年第3期。

［65］刘锦英、王文文：《传统制造企业价值创新的实现途径：价值链视角》，载《科学管理研究》2019年第4期。

［66］刘军、常慧红、张三峰：《智能化对中国制造业结构优化的影响》，载《河海大学学报》2019年第4期。

［67］刘丽辉、陈振权、辛焕平：《珠三角地区制造业专业镇转型升级的路径选择及保障机制研究——以南海大沥镇为例》，载《科技管理研究》2013年第22期。

［68］刘晓庆、龙腾：《"一带一路"背景下江苏省制造业转型升级影响因素研究——基于VAR模型》，载《价值工程》2019年第16期。

［69］刘洋、董久钰、魏江：《数字创新管理：理论框架与未来研究》，载《管理世界》2020年第7期。

［70］卢秉恒、邵新宇、张俊、王磊：《离散型制造智能工厂发展战略》，载《中国工程科学》2018年第4期。

［71］卢阳光、闵庆飞、刘锋：《中国智能制造研究现状的可视化分类

综述——基于 CNKI（2005－2018）的科学计量分析》，载《工业工程与管理》2019 年第 4 期。

［72］罗敏明：《流程企业智能制造实践与探讨》，载《石油化工建设》2016 年第 1 期。

［73］罗序斌：《"互联网＋"驱动传统制造业创新发展的影响机理及提升路径》，载《现代经济探讨》2019 年第 9 期。

［74］吕文晶、陈劲、刘进：《智能制造与全球价值链升级——海尔COSMOPlat 案例研究》，载《科研管理》2019 年第 4 期。

［75］毛基业、苏芳：《组织连接破裂与应对措施：供应商视角的案例研究》，载《南开管理评论》2012 年第 6 期。

［76］蒙丹：《经济新常态下我国制造业转型升级影响因素研究——基于贵州省制造业问卷调查的结构方程验证》，载《调研世界》2018 年第 11 期。

［77］孟凡生、宋鹏：《智能制造生态系统对制造企业智能化转型的影响机理》，载《科研管理》2022 年第 4 期。

［78］孟凡生、赵刚、徐野：《基于数字化的高端装备制造企业智能化转型升级演化博弈研究》，载《科学管理研究》2019 年第 5 期。

［79］孟凡生、赵刚：《创新柔性对制造企业智能化转型影响机制研究》，载《科研管理》2019 年第 4 期。

［80］缪毅、胡奕明：《产权性质、薪酬差距与晋升激励》，载《南开管理评论》2014 年第 4 期。

［81］牛占文、荆树伟、杨福东：《基于精益管理的制造型企业管理创新驱动因素分析——四家企业的案例研究》，载《科学学与科学技术管理》2015 年第 7 期。

［82］牛志伟、邹昭晞：《比较优势动态转换与产业升级——基于中国制造业发展指标的国际比较》，载《改革》2020 年第 2 期。

［83］任保平、豆渊博：《"十四五"时期新经济推进我国产业结构升级的路径与政策》，载《经济与管理评论》2021 年第 1 期。

［84］盛磊：《数字经济引领产业高质量发展：动力机制、内在逻辑与实施路径》，载《价格理论与实践》2020 年第 2 期。

［85］史雅文、张捷、毕砚昭：《基于耗散结构理论的企业组织韧性构建路径与对策研究》，中国管理现代化研究会、复旦管理学奖励基金会，

2020 年 6 月。

[86] 苏贝、杨水利：《基于扎根理论的制造企业智能化转型升级影响因素研究》，载《科技管理研究》2018 年第 8 期。

[87] 苏向坤：《"中国制造 2025"背景下老工业基地制造业转型升级的路径选择》，载《经济纵横》2017 年第 11 期。

[88] 孙德升、刘峰、陈志：《中国制造业转型升级与新微笑曲线理论》，载《科技进步与对策》2017 年第 15 期。

[89] 孙伟峰：《基于精益的航天离散型企业"数字工厂"的探索与实践》，载《科技创新导报》2019 年第 20 期。

[90] 谈艳、张莹、陈颀：《中国体育用品制造业转型升级的影响因素研究——基于省（市）级面板数据的实证》，载《沈阳体育学院学报》2017 年第 1 期。

[91] 谭建荣、刘达新、刘振宇：《从数字制造到智能制造的关键技术途径研究》，载《中国工程科学》2017 年第 3 期。

[92] 谭雪：《行业竞争、产权性质与企业社会责任信息披露——基于信号传递理论的分析》，载《产业经济研究》2017 年第 3 期。

[93] 汤临佳、郑伟伟、池仁勇：《智能制造创新生态系统的功能评价体系及治理机制》，载《科研管理》2019 年第 7 期。

[94] 唐国锋、李丹：《工业互联网背景下制造业服务化价值创造体系重构研究》，载《经济纵横》2020 年第 8 期。

[95] 唐堂、滕琳、吴杰、陈明：《全面实现数字化是通向智能制造的必由之路——解读〈智能制造之路：数字化工厂〉》，载《中国机械工程》2018 年第 3 期。

[96] 滕晓梅：《精益生产模式下的成本管理信息化实施——以东风悦达起亚汽车公司为例》，载《经济管理》2009 年第 7 期。

[97] 涂文通：《基于精益管理理念的数字工地建设探析》，载《智能建筑与智慧城市》2019 年第 10 期。

[98] 王春豪、张杰、马俊：《精益库存管理对企业绩效的影响研究——来自中国制造业上市公司的实证检验》，载《管理评论》2017 年第 5 期。

[99] 王海龙、赵芸芸、张昕嫱：《从西飞公司看网络化协同制造模式》，载《中国工业评论》2017 年第 8 期。

[100] 王满四、周翔、张延平：《从产品导向到服务导向：传统制造企业的战略更新——基于大疆创新科技有限公司的案例研究》，载《中国软科学》2018 年第 11 期。

[101] 王世明：《国有企业如何防控混合所有制改革中的税务风险》，载《经营与管理》2019 年第 4 期。

[102] 王维才、吴琦：《服务型制造带动中国传统制造企业转型程度测度及提升策略研究——以钢铁行业为例》，载《南京社会科学》2019 年第 4 期。

[103] 王小波、李婧雯：《中国制造业服务化水平及影响因素分析》，载《湘潭大学学报（哲学社会科学版）》2016 年第 5 期。

[104] 王晓明、沈焱、张均强、李仕明：《基于制造稳定性的电力装备制造企业柔性制造策略研究》，载《中国软科学》2020 年第 8 期。

[105] 王雪、宋瑶瑶、刘慧晖、杨国梁：《法国科技计划及其对我国的启示》，载《世界科技研究与发展》2018 年第 3 期。

[106] 王影、张宏如、梁祺：《效果推理对制造企业智能化转型的影响机制研究》，载《研究与发展管理》2021 年第 1 期。

[107] 王友发、周献中：《国内外智能制造研究热点与发展趋势》，载《中国科技论坛》2016 年第 4 期。

[108] 温湖炜、钟启明：《智能化发展对企业全要素生产率的影响——来自制造业上市公司的证据》，载《中国科技论坛》2021 年第 1 期。

[109] 吴旺延、刘珺宇：《智能制造促进中国产业转型升级的机理和路径研究》，载《西安财经大学学报》2020 年第 3 期。

[110] 吴小锋、盛攀峰、段禄峰：《"互联网＋"背景下传统制造业的转型升级路径——以陕西省为例》，载《中国高校科技》2018 年第 5 期。

[111] 吴晓波、房珂一、吴东：《超越追赶下制造企业服务化能力的动态演化》，载《科学学研究》2020 年第 11 期。

[112] 吴瑶、彭华涛：《传统制造业二次创业模式选择与技术演进的逻辑建构——基于群体案例研究》，载《中国科技论坛》2020 年第 7 期。

[113] 吴英豪：《企业为什么要进行数字化转型?》，载《网络安全和信息化》2019 年第 1 期。

[114] 向贵君：《影响传统制造向智能制造发展中的相关因素》，载《中国新通信》2019 年第 21 期。

［115］肖吉军、郑颖琦、徐洁萍：《基于 AHP 与 DHNN 的智能制造成熟度评估模型研究》，载《系统科学学报》2020 年第 2 期。

［116］辛鑫：《橡胶工业精益生产和智能制造研究》，载《化工设计通讯》2019 年第 10 期。

［117］徐扬：《基于大规模个性化定制策略的信息服务模式研究》，载《情报理论与实践》2015 年第 4 期。

［118］许建、向昌国：《企业实施精益化管理研究》，载《商业研究》2009 年第 11 期。

［119］薛纯、杨瑾：《信息化驱动装备制造业转型升级机理研究》，载《西安财经学院学报》2019 年第 5 期。

［120］杨成延：《"数智化"助力精益供应链构建与运营》，载《物流技术与应用》2019 年第 11 期。

［121］杨鹏、张润强、李春艳：《全球价值链理论与中国制造业转型升级——基于微笑曲线趋平的视角》，载《科技管理研究》2020 年第 13 期。

［122］杨青峰、任锦鸾：《智能工业时代的企业核心能力构成与作用机理——基于对 223 篇企业领袖公开谈话的扎根理论分析》，载《中国科技论坛》2020 年第 12 期。

［123］杨叔子、丁洪：《智能制造技术与智能制造系统的发展与研究》，载《中国机械工程》1992 年第 2 期。

［124］杨舒涵：《流程工业的智能制造》，载《科技资讯》2018 年第 5 期。

［125］杨树青、李良臣、张帆昕、葛虹：《泉州制造业转型升级影响因素及策略研究》，载《科技管理研究》2014 年第 6 期。

［126］杨欣、曾珍香、夏玉雄：《基于改进 NSGA－Ⅱ的云制造服务组合优化问题研究》，载《工业工程与管理》2020 年第 2 期。

［127］杨彦明：《浅析离散型制造企业智能制造方向及方法》，载《现代信息科技》2019 年第 22 期。

［128］杨志恒、刘美凤：《智能制造产业布局优势度评价与引导策略——以山东为例》，载《科技与经济》2019 年第 2 期。

［129］姚锡凡、练肇通、杨屹、张毅、金鸿：《智慧制造——面向未来互联网的人机物协同制造新模式》，载《计算机集成制造系统》2014 年第

6 期。

[130] 易开刚、孙漪：《民营制造企业"低端锁定"突破机理与路径——基于智能制造视角》，载《科技进步与对策》2014 年第 6 期。

[131] 尹明、尹成鑫：《产业结构升级背景下的机械制造智能化发展研究》，载《成都航空职业技术学院学报》2019 年第 4 期。

[132] 余东华、水冰：《信息技术驱动下的价值链嵌入与制造业转型升级研究》，载《财贸研究》2017 年第 8 期。

[133] 岳维松、程楠、侯彦全：《离散型智能制造模式研究——基于海尔智能工厂》，载《工业经济论坛》2017 年第 1 期。

[134] 张伯旭、李辉：《推动互联网与制造业深度融合——基于"互联网＋"创新的机制和路径》，载《经济与管理研究》2017 年第 2 期。

[135] 张恒梅：《当前中国先进制造业提升技术创新能力的路径研究——基于美国制造业创新网络计划的影响与启示》，载《科学管理研究》2015 年第 1 期。

[136] 张宏娟、范如国、张应青：《传统制造业集群低碳转型升级的演化机理及策略研究》，载《商业经济与管理》2016 年第 6 期。

[137] 张伟、牛占文：《基于扩展沙堆模型的企业精益管理实施水平分析》，载《科技管理研究》2015 年第 17 期。

[138] 张振刚、陈一华、肖丹：《世界一流制造企业的特征、演进与启示》，载《中国科技论坛》2020 年第 7 期。

[139] 赵福全、刘宗巍、史天泽：《工业 4.0 与精益思想关系辨析及中国中小企业应对策略》，载《科技管理研究》2018 年第 3 期。

[140] 赵剑波：《推动新一代信息技术与实体经济融合发展：基于智能制造视角》，载《科学学与科学技术管理》2020 年第 3 期。

[141] 郑力、江平宇、乔立红、吴立峰：《制造系统研究的挑战和前沿》，载《机械工程学报》2010 年第 21 期。

[142] 郑松：《面向智能制造的工业互联网技术创新》，载《中国工业评论》2015 年第 6 期。

[143] 周济：《智能制造——"中国制造 2025"的主攻方向》，载《中国机械工程》2015 年第 17 期。

[144] 周佳军、姚锡凡、刘敏、张剑铭、陶韬：《几种新兴智能制造模

式研究评述》，载《计算机集成制造系统》2017 年第 3 期。

[145] 周文辉、王鹏程、陈晓红：《价值共创视角下的互联网 + 大规模定制演化——基于尚品宅配的纵向案例研究》，载《管理案例研究与评论》2016 年第 9 期。

[146] 朱国军、张画涵、孙军：《智能制造企业品牌国际化的成长演化机理——专利生态运营能力视角下的双案例研究》，载《管理现代化》2020 年第 6 期。

[147] 朱钰、郑屹然、尹默：《统计学意义下的多重共线性检验方法》，载《统计与决策》2020 年第 7 期。

[148] 左世全：《中美贸易摩擦背景下两岸智能制造合作前景》，载《海峡科技与产业》2018 年第 Z1 期。

[149] Abolhassani A, Layfield K, Gopalakrishnan B, Lean and US manu-facturing industry: Popularity of practices and implementation barriers. *International Journal of Productivity & Performance Management*, Vol. 65, No. 7, September 2016, pp. 875 – 897.

[150] Aceto G, Persico V, Pescapé A, Industry 4. 0 and Health: Internet of Things, Big Data, and Cloud Computing for Healthcare 4. 0. *Journal of Industrial Information Integration*, Vol. 18, No. C, 2020.

[151] Al – Ahmari A M, Direct digital manufacturing. *Journal of King Saud University – Engineering Sciences*, Vol. 29, No. 3, 2017, p. 203.

[152] Andrade Y, Cardenas L, Viacava G, et al, *Lean manufacturing model for the reduction of production times and reduction of the returns of defective items in textile industry*, Washington D. C. USA: Advances in Design for Inclusion, 2019, pp. 387 – 398.

[153] Arm J, Zezulka F, Bradac Z, Marcon P, Kaczmarczyk V, Benesl T, Schroeder T, Implementing Industry 4. 0 in discrete manufacturing: Options and drawbacks. *IFAC Papers Online*, No. 6, 2018, pp. 473 – 478.

[154] Balashova E S, Gromova E A, Agile manufacturing as a promising concept for Russian industry. *IOP Conference Series Materials Science and Engineering*, Vol. 393, No. 1, 2018, pp. 012 – 095.

[155] Barnewold L, Lottermoser B G, Identification of digital technologies

and digitalisation trends in the mining industry. *International Journal of Mining Science and Technology*, Vol. 30, No. 6, 2020, pp. 747 – 757.

[156] Barton D, Carey D, Charan R, One bank's agile team experiment: How ING revamped its retail operation. *Harvard Business Review*, Vol. 96, No. 2, 2018, pp. 59 – 61.

[157] Bencomo J A, Iacono S T, Mccollum J M, 3D printing multifunctional fluorinated nanocomposites: Tuning electroactivity, rheology and chemical reactivity. *Journal of Materials Chemistry A*, Vol. 6, No. 26, 2018, pp. 12308 – 12315.

[158] Bettermann S, Kandelhard F, Moritz H U, Pauer W, Digital and lean development method for 3D – printed reactors based on CAD modeling and CFD simulation. *Chemical Engineering Research and Design*, No. 152, 2019, pp. 71 – 84.

[159] Bhamu J, Sangwan K S, Lean manufacturing: Literature review and research issues. *International Journal of Operations & Production Management*, Vol. 34, No. 7, 2014, pp. 876 – 940.

[160] Boran F E, Genç S, Kurt M, et al, A multi-criteria intuitionistic fuzzy group decision making for supplier selection with TOPSIS method. *Expert Systems with Applications*, Vol. 36, No. 8, 2009, pp. 11363 – 11368.

[161] Bortolini M, Faccio M, Gamberi M, Pilati F, Motion Analysis System (MAS) for production and ergonomics assessment in the manufacturing processes. *Computers and Industrial Engineering*, Vol. 139, 2020.

[162] Buer S V, Semini M, Strandhagen J O, Sgarbossa F, The complementary effect of lean manufacturing and digitalisation on operational performance. *International Journal of Production Research*, No. 4, 2020, pp. 1 – 17.

[163] Burge T A, Jeffers J R T, Myant C W, Development of an automated mass-customization pipeline for knee replacement surgery using Biplanar X – Rays. *Journal of Mechanical Design*, Vol. 144, No. 2, 2022, pp. 1 – 15.

[164] Butterfield J, Mcclean A, Yin Y, Use of digital manufacturing to improve management learning in aerospace assembly. *Journal of Aircraft*, Vol. 47, No. 1, 2010, pp. 315 – 322.

[165] Buzacott J A, Yao D, Flexible manufacturing systems: A review of analytical models. *Management Science*, Vol. 32, No. 7, 1986, pp. 890 – 905.

[166] Chen D F, Heyer S, Ibbootson S, Salonitis K, Steingrímsson J G, Thiedee S, Direct digital manufacturing: Definition, evolution, and sustainability implications. *Journal of Cleaner Production*, No. 107, 2015, pp. 615 – 625.

[167] Chen H, Tian Z, Environmental uncertainty, resource orchestration and digital transformation: A fuzzy-set QCA approach. *Journal of Business Research*, Vol. 139, 2022, pp. 184 – 193.

[168] Chen L, Xu J, Zhou Y, Regulating the environmental behavior of manufacturing SMEs: Interfirm alliance as a facilitator. *Journal of Cleaner Production*, No. 165, 2017, pp. 393 – 404.

[169] Cheng J F, Zhang H, Tao F, Juang C F, T – II: Digital twin enhanced industrial internet reference framework towards smart manufacturing. *Robotics and Computer-Integrated Manufacturing*, Vol. 62, 2020.

[170] Chiarello F, Trivelli L, Bonaccorsi A, Fantoni G, Extracting and mapping industry 4. 0 technologies using Wikipedia. *Computers in Industry*, Vol. 100, 2018.

[171] Chiarini A. Industry 4. 0, quality management and TQM world. A systematic, literature review and a proposed agenda for further research. *The TQM Journal*, 2020.

[172] Choi D, Seo Y, Septianto F, et al, Luxury customization and self-authenticity: Implications for consumer wellbeing. *Journal of Business Research*, Vol. 141, 2022, pp. 243 – 252.

[173] Ciano M P, Dallasega P, Orzes G, Rossi T, One-to-one relationships between Industry 4. 0 technologies and lean production techniques: A multiple case study. *International journal of production research*, Vol. 1, No. 1, 2020, pp. 1 – 25.

[174] Clarissa A, et al, Circular Lean product-service systems design: A literature review, framework proposal and case studies. *Procedia CIRP*, Vol. 83, No. 8, 2019, pp. 414 – 424.

[175] Cologni A L, Fasanotti L, Dovere E, Previdi F, Smartphone based

video-telemetry logger for remote maintenance services. *IFAC – Papers Online*, Vol. 48, No. 3, 2015, pp. 822 – 827.

[176] Cui Y H, Kara S, Chan K C, Manufacturing big data ecosystem: A systematic literature review. *Robotics and Computer-Integrated Manufacturing*, Vol. 62, No. C, 2020.

[177] Dangelmaier W, Fischer M, Jürgen Gausemeier, et al, Virtual and augmented reality support for discrete manufacturing system simulation. *Computers in Industry*, Vol. 56, No. 4, 2005, pp. 371 – 383.

[178] Dănuţ – Sorin I R, Opran C G, Lamanna G, Lean manufacturing 4.0 of polymeric injection molding products. *Macromolecular Symposia*, Vol. 389, No. 1, 2020, pp. 1 – 3.

[179] Deng K, Research on evaluation of intelligent manufacturing capability and layout superiority of supply chains by big data analysis. *Journal of Global Information Management (JGIM)*, Vol. 30, No. 7, 2021, pp. 1 – 20.

[180] Deuse J, Dombrowski U, Nöhring F, Mazarov J, Dix Y, Systematic combination of lean management with digitalization to improve production systems on the example of Jidoka 4.0. *International Journal of Engineering Business Management*, Vol. 12, 2020, pp. 1 – 9.

[181] Diaz J L, Bermeo M, Diaz – Rozo J, Ocampo – Martinez C, An optimization-based control strategy for energy efficiency of discrete manufacturing systems. *ISA Transactions*, No. 93, 2019, pp. 399 – 409.

[182] Ding M, Zhang Y R, Zhang F, The Influence of Network Positions on Exploratory Innovation: An Empirical Evidence from China's Patent Analysis. Science, *Technology and Society*, Vol. 25, No. 1, 2020.

[183] Dombrowski U, Richter T, Ganzheitliche Produktionssysteme und Industries 4.0. *ZWF Zeitschrift für wirtschaftlichen Fabrikbetrieb*, Vol. 111, No. 12, 2016, pp. 771 – 774.

[184] Dombrowskia U, Wullbrandta J, Fochlera S, Center of excellence for lean enterprise 4.0. *Procedia Manufacturing*, No. 31, 2019, pp. 66 – 71.

[185] Dong B, Jia H, Li Z, et al, Implementing mass customization in Garment industry. *Systems Engineering Procedia*, No. 3, 2012, pp. 372 – 380.

[186] Dong Q W, Wang S M, Han F J, Zhang R D, Innovative Research and Practice of Teachers' Teaching Quality Evaluation under the Guidance of 'Innovation and Entrepreneurship'. *Procedia Computer Science*, Vol. 154, No. C, 2019.

[187] Eisenhardt K M, Graebner M E, Theory building from cases: Opportunities and challenges. *Academy of Management Journal*, Vol. 50, No. 1, 2007, pp. 25 – 32.

[188] Fatorachian H, Kazemi H, A critical investigation of Industry 4.0 in manufacturing: Theoretical operationalisation framework. *Production Planning & Control*, Vol. 29, No. 8, 2018.

[189] Feng C L, Ma R, Identification of the factors that influence service innovation in manufacturing enterprises by using the fuzzy DEMATEL method. *Journal of Cleaner Production*, Vol. 253, 2020.

[190] Fisher O J, Watson N J, Escrig J E, Witt R, Porcu L, Bacon D, Rigley M, Gomes R L, Considerations, challenges and opportunities when developing data-driven models for process manufacturing systems. *Computers & Chemical Engineering*, Vol. 140, 2020.

[191] Flemisch F, Abbink D, Itoh M, Pacaux – Lemoine M – P, Wesel G, Shared control is the sharp end of cooperation: Towards a common framework of joint action, shared control and human machine cooperation. *IFAC Paper Online*, No. 19, 2016, pp. 072 – 077.

[192] Florescu A, Barabas S A, Modeling and Simulation of a flexible manufacturing system—A basic component of Industry 4.0. *Applied Sciences*, Vol. 10, No. 22, 2020.

[193] Frazier, William E, Metal additive manufacturing: A review. *Journal of Materials Engineering and Performance*, Vol. 23, No. 6, 2014, pp. 1917 – 1928.

[194] Frontoni E, Rosetti R, Paolanti M, Alves A C, HATS project for lean and smart global logistic: A shipping company case study. *Manufacturing Letters*, 2019, pp. 1 – 12.

[195] Fukuda K, Science, technology and innovation ecosystem transformation toward society 5.0. *International Journal of Production Economics*, Vol.

220，2020.

[196] Gebauer H, Fleisch E, Lamprecht C, Wortmann F, Growth paths for overcoming the digitalization paradox. *Business Horizons*, Vol. 13, 2020. (online)

[197] Genc T S, De Giovanni P, Closed-loop supply chain games with innovation-led lean programs and sustainability. *International Journal of Production Economics*, Vol. 219, 2020, pp. 440 – 456.

[198] Ghobakhloo M, Fathi M, Corporate survival in industry 4. 0 era: The enabling role of lean-digitized manufacturing. *Journal of Manufacturing Technology Management*, Vol. 31, No. 1, 2020, pp. 1 – 30.

[199] Gillani F, Chatha K A, Jajja M S S, Farooq S, Implementation of digital manufacturing technologies: Antecedents and consequences. *International Journal of Production Economics*, Vol. 229, 2020.

[200] Gioia D A, Corley K G, Hamilton A L, Seeking qualitative rigor in inductive research: Notes on the Gioia methodology. *Organizational Research Methods*, Vol. 16, No. 1, 2013, pp. 15 – 31.

[201] Guerin C, Rauffet P, Chauvin C, Martin E, Toward production operator 4. 0: Modelling huamn-machine cooperation in Industry 4. 0 with cognitive work analysis. *IFAC Paper Online*, No. 19, 2019, pp. 073 – 078.

[202] Guo D Q, Zhong R Y, Lin P, Lyu Z Y, Rong Y M, Huang G Q, Digital twin-enabled graduation intelligent manufacturing system for fixed-position assembly islands. *Robotics and Computer-Integrated Manufacturing*, No. 63, 2020.

[203] Guo Y, Zhang W, Qin Q, et al, Intelligent manufacturing management system based on data mining in artificial intelligence energy-saving resources. *Soft Computing*, 2022, pp. 1 – 16.

[204] Habib L, Pacaux – Lemoine M P, Millot P, A method for designing levels of automation based on a human-machine cooperation model. *IFAC Papers OnLine*, Vol. 50, No. 1, 2017.

[205] Haddud A, Khare A, Digitalizing supply chains potential benefits and impact on lean operations. *International Journal of Lean Six Sigma*, Vol. 11, No. 4, 2020, pp. 731 – 765.

[206] Haghnegahdar L, Joshi S S, Dahotre N B, From IoT – based cloud manufacturing approach to intelligent additive manufacturing: Industrial Internet of Things—An overview. *The International Journal of Advanced Manufacturing Technology*, 2022, pp. 1 – 18.

[207] Hankammer S, Steiner F, Leveraging the sustainability potential of mass customization through product service systems in the consumer electronics industry. *Procedia Cirp*, No. 30, 2015, pp. 504 – 509.

[208] Harris G, Yarbrough A, Abernathy D, Peters C, Manufacturing readiness for digital manufacturing. *Manufacturing Letters*, No. 22, 2019, pp. 16 – 18.

[209] He R, Li M, Vincent J L, Ma G J, BIM – enabled computerized design and digital fabrication of industrialized buildings: A case study. *Journal of Cleaner Production*, Vol. 278, 2021.

[210] Hess T, Matt C, Benlian A, Wiesböck F, Options for formulating a digital transformation strategy. *MIS Quarterly Executive*, Vol. 15, No. 2, 2016, pp. 123 – 139.

[211] Hoellthaler G, Braunreuther S, Reinhart G, Digital lean production an approach to identify potentials for the migration to a digitalized production system in SMEs from a lean perspective. *Procedia CIRP*, Vol. 67, 2018, pp. 522 – 527.

[212] Holmström J, Liotta G, Chaudhuri A, Sustainability outcomes through direct digital manufacturing-based operational practices: A design theory approach. *Journal of Cleaner Production*, No. 167, 2017, pp. 951 – 961.

[213] Hu J Y, Gao S N, Research and application of capability maturity model for Chinese intelligent manufacturing. *ScienceDirect*, No. 83, 2019, pp. 794 – 799.

[214] Huang B, Song J M, Jing Y G, Xie Y, Li Y Y, How improvisation drives lean search: The moderating role of entrepreneurial team heterogeneity and environmental uncertainty. *Frontiers in Psychology*, Vol. 13, 2022.

[215] Huang X M, Intelligent remote monitoring and manufacturing system of production line based on industrial Internet of Things *Computer Communica-*

tions, Vol. 150, No. C, 2020.

[216] Hung M H, Lin Y C, Hsiao H C, et al, A novel implementation framework of digital twins for intelligent manufacturing based on container technology and cloud manufacturing services. *IEEE Transactions on Automation Science and Engineering*, 2022.

[217] Jin X, Li M, Zhang W, Cui J, Meng F, Factors influencing the development ability of intelligent manufacturing of new energy vehicles based on a structural equation model. *ACS omega*, Vol. 5, No. 29, 2020, pp. 18262 – 18272.

[218] Jing S W, Feng Y, Yan J A, Path selection of lean digitalization for traditional manufacturing industry under heterogeneous competitive position. *Computers & Industrial Engineering*, Vol. 161, 2021.

[219] Jing S W, Ho Z P, Niu Z W, A term mining approach of interview case study on enterprise lean production. *Total Quality Management & Business Excellence*, Vol. 28, No. 11 – 12, 2017, pp. 1414 – 1420.

[220] Jing S W, Li R, Niu Z W, Yan J A, The application of dynamic game theory to participant's interaction mechanisms in lean management. *Computers & Industrial Engineering*, No. 139, 2020, pp. 1 – 9.

[221] Jing S W, Niu Z W, Chang P C, The application of VIKOR for the tool selection in lean management. *Journal of Intelligent Manufacturing*, Vol. 30, No. 8, 2019, pp. 2901 – 2912.

[222] Jing S W, Niu Z W, Tung C B, Ho Z P, The application of terms mining technique to clustering participant's character patterns in the enterprise management. *Cluster Computing*, Vol. 19, No. 4, 2016, pp. 2097 – 2107.

[223] Jing Z J, Hu N P, Song Y R, Song B, Gu C S, Pan L. On the Design and Implementation of a Blockchain – Based Data Management System for ETO Manufacturing. *Applied Sciences*, Vol. 12, No. 18, 2022.

[224] Jones D, Mitchell A, Lean thinking for the NHS. *London: NHS confederation*, 2006, pp. 1 – 15.

[225] Kang H S, Lee J Y, Choi S, et al, Smart manufacturing: Past research, present findings, and future directions. *International Journal of Precision Engineering and Manufacturing – Green Technology*, Vol. 3, No. 1, 2016,

pp. 111 – 128.

[226] Karningsih P D, Anggrahini D, Syafi I, Muhammad I, Concurrent engineering implementation assessment: A case study in an Indonesian manufacturing company. *Procedia Manufacturing*, No. 4, 2015, pp. 200 – 207.

[227] Kazantsev N, Pishchulov G, Mehandjiev N, et al, Investigating barriers to demand-driven SME collaboration in low-volume high-variability manufacturing. *Supply Chain Management: An International Journal*, 2022.

[228] Khajavi S H, Partanen J, Holmstr M J, et al, Risk reduction in new product launch: A hybrid approach combining direct digital and tool-based manufacturing. *Computers in Industry*, No. 74, 2015, pp. 29 – 42.

[229] Kolberg D, Zühlke D, Lean Automation enabled by Industry 4. 0 Technologies. *IFAC PapersOnLine*, Vol. 48, No. 3, 2015.

[230] Krijnen A. The Toyota way: 14 management principles from the world's greatest manufacturer. *Action Learning: Research and Practice*, Vol. 4, No. 1, 2007.

[231] Kruger G H, Shih A J, Hattingh D G, et al, Intelligent machine agent architecture for adaptive control optimization of manufacturing processes. *Advanced Engineering Informatics*, Vol. 25, No. 4, 2011, pp. 783 – 796.

[232] Kumar P P, Routroy S, Analysis of agile manufacturing enablers: A case study. *Materials Today: Proceedings*, Vol. 5, No. 2, 2018, pp. 4008 – 4015.

[233] Kumar Potdar P, Routroy S. Analysis of Agile Manufacturing Enablers: A Case Study *Materials Today: Proceedings*, Vol. 5, No. 2, 2018.

[234] Lee J, Future of digital tools in change management. *Accelerating Organization Culture Change*, 2020, pp. 173 – 185.

[235] Leena A S, Davide C, Jenni K, Andrea U. Companies' circular business models enabled by supply chain collaborations: An empirical-based framework, synthesis, and research agenda. *Industrial Marketing Management*, Vol. 105, 2022.

[236] Li B H, Zhang L, Wang S, Tao F, Cao J, Jiang X, et al, Cloud manufacturing: A new service-oriented networked manufacturing model. *Computer Integrated Manufacturing Systems*, Vol. 16, No. 1, 2010, pp. 1 – 7.

［237］ Li Y, Liu Y, Wang J, et al, Real-time monitoring of silica ceramic composites grinding surface roughness based on signal spectrum analysis. *Ceramics International*, Vol. 48, No. 5, 2022, pp. 7204 – 7217.

［238］ Liker J K, Morgan J M, The Toyota Way in Services: The case of lean product development. *Academy of Management Perspectives*, No. 20, 2006, pp. 5 – 20.

［239］ Liu P, Zhou Y, Zhou D K, Xue L, Energy performance contract models for the diffusion of green-manufacturing technologies in China: A stakeholder analysis from SMEs' perspective. *Energy Policy*, No. 106, 2017, pp. 59 – 67.

［240］ Liu X Y, Cheng Q, Guo K, Influencing factors of intelligent manufacturing: Empirical analysis based on SVR model. *Procedia Computer Science*, No. 122, 2017, pp. 1024 – 1030.

［241］ Liu Z, Zhang Y, Yang C, et al, Generalized distributed four-domain digital twin system for intelligent manufacturing. *Journal of Central South University*, Vol. 29, No. 1, 2022, pp. 209 – 225.

［242］ Lu Y, Ramamurthy K, Understanding the link between information technology capability and organizational agility: An empirical examination. *Management Information Systems Quarterly*, Vol. 35, No. 4, 2011, pp. 931 – 954.

［243］ Mahdavisharif M, Cagliano A C, Rafele C, Investigating the integration of Industry 4. 0 and lean principles on supply chain: A multi-perspective systematic literature review. *Applied Sciences*, Vol. 12, No. 2, 2022, p. 586.

［244］ Maione G, Naso D, A Discrete – Event Formalism to Model Adaptive Multi – Agent Manufacturing Control. *IFAC Proceedings Volumes*, Vol. 34, No. 10, 2001.

［245］ Mandolla C, Petruzzelli A M, Percoco G, Urbinati A, Building a digital twin for additive manufacturing through the exploitation of blockchain: A case analysis of the aircraft industry. *Computers in Industry*, No. 109, 2019, pp. 134 – 152.

［246］ Mashhadi Keshtiban P, Onari M A, Shokri K, et al, Enhancing risk assessment of manufacturing production process integrating failure modes and sequential fuzzy cognitive map. *Quality Engineering*, 2022, pp. 1 – 14.

[247] Matt D, Rauch E, Franzellin V M, An axiomatic design-based approach for the patient-value oriented design of a sustainable Lean Healthcare System. *International Journal of Procurement Management*, No. 8, 2015, pp. 66 – 81.

[248] Mavrikios D, et al, The teaching factory network: A new collaborative paradigm for manufacturing education. *Procedia Manufacturing*, No. 31, 2019, pp. 398 – 403.

[249] Michail K, Angelopoulos, Christina A, Lean management through digital transformation: Challenges and opportunities for the energy and public utilities industry. *Journal of Advanced Research in Management*, No. 20, 2019, pp. 57 – 69.

[250] Mynott C, Lean Product Development: A manager's guide. IET Digital Library, 2012.

[251] Nedjwa E, Bertrand R, Sassi Boudemagh S, Impacts of Industry 4.0 technologies on Lean management tools: A bibliometric analysis. *International Journal on Interactive Design and Manufacturing (IJIDeM)*, 2022, pp. 1 – 16.

[252] Oliff H, Liu Y, Kumar M, Williams M, A framework of integrating knowledge of human factors to facilitate HMI and collaboration in intelligent manufacturing. *Procedia CIRP*, No. 72, 2018, pp. 135 – 140.

[253] Oliff H, Liu Y, Kumar M, Williams M, Ryan M, Reinforcement learning for facilitating human-robot-interaction in manufacturing. *Journal of Manufacturing Systems*, Vol. 56, 2020, pp. 326 – 340.

[254] Oliveira R I D, Sousa S O, Campos F C D, Lean manufacturing implementation: Bibliometric analysis 2007 – 2018. *International Journal of Advanced Manufacturing Technology*, Vol. 101, No. 19, 2019, pp. 979 – 988.

[255] Pacaux – Lemoine M, Trentesaux D, Rey G Z, Millot P, Designing intelligent manufacturing systems through Human – Machine Cooperation principles: A human-centered approach. *Computers & Industrial Engineering*, Vol. 111, 2017.

[256] Perico P, Arica E, Powell D J, Gaiardelli P, MES as an enabler of lean manufacturing. *IFAC – Papers Online*, Vol. 13, No. 52, 2019, pp. 48 – 53.

[257] Piltan F, Toma R N, Shon D, et al, Strict-feedback backstepping

digital twin and machine learning solution in ae signals for bearing crack identification. *Sensors*, Vol. 22, No. 2, 2022, p. 539.

[258] Powell D, Alfnes E, Strandhagen J O, Dreyer H. The concurrent application of lean production and ERP: Towards an ERP – based lean implementation process. *Computers in Industry*, Vol. 64, No. 3, 2013.

[259] Prinz C, Kreggenfeld N, Bernd Kuhlenkötter, Lean meets Industrie 4. 0—A practical approach to interlink the method world and cyber-physical world. *Procedia Manufacturing*, Vol. 23, 2018, pp. 21 – 26.

[260] Rajput S, Singh S P, Connecting circular economy and industry 4. 0. *International Journal of Information Management*, Vol. 49, 2019.

[261] Ren J, Zhang Y, Wang Z, et al, Artificial intelligence-based network traffic analysis and automatic optimization technology. *Mathematical Biosciences and Engineering*, Vol. 19, No. 2, 2022, pp. 1775 – 1785.

[262] Ren T, Luo T, Li S, et al, Review on R&D task integrated management of intelligent manufacturing equipment. *Neural Computing and Applications*, 2022, pp. 1 – 25.

[263] Richter A, Leyer M, Steinhüser M, Workers united: Digitally enhancing social connectedness on the shop floor. *International Journal of Information Management*, Vol. 52, 2020.

[264] Rossini M, Audino F, Costa F, et al, Extending lean frontiers: A kaizen case study in an Italian MTO manufacturing company. *International Journal of Advanced Manufacturing Technology*, No. 10, 2019, pp. 1869 – 1888.

[265] Rossiter H A, Hofer C, Eroglu C, et al, An institutional theoretic perspective on forces driving adoption of lean production globally. *The International Journal of Logistics Management*, Vol. 22, No. 2, 2011, pp. 148 – 178.

[266] Safaee S, Schock M, Joyee E B, Pan Y, Chen R K, Field-assisted additive manufacturing of polymeric composites. *Additive Manufacturing*, Vol. 51, 2022.

[267] Salonitis K, Tsinopoulos C, Drivers and barriers of lean implementation in the Greek manufacturing sector. *Procedia CIRP*, No. 57, 2016, pp. 189 – 194.

[268] Shabah A, HUMANIT3D for disaster response: An assessment of mass customization on organizational performance under turbulent environments. *Procedia Engineering*, Vol. 107, 2015, pp. 223 – 236.

[269] Shah R, Ward P T, Defining and developing measures of lean production. *Journal of Operations Management*, Vol. 25, No. 4, 2007.

[270] Stadnicka D, Litwina P, Antonellib D, Human factor in intelligent manufacturing systems – knowledge acquisition and motivation. *Procedia CIRP*, No. 79, 2019, pp. 718 – 723.

[271] Stock T, Obenaus M, Kunz S, Kohl H, Industry 4.0 as enabler for a sustainable development: A qualitative assessment of its ecological and social potential. *Process Safety and Environmental Protection*, Vol. 118, 2018.

[272] Taki H, Towards technological innovation of society 5.0. *Journal of the Institute of Electrical Engineers of Japan*, Vol. 137, No. 5, 2017, p. 275.

[273] Tchoffa D, Figay N, et al, Digital factory system for dynamic manufacturing network supporting networked collaborative product development. *Data & Knowledge Engineering*, No. 105, 2016, pp. 130 – 154.

[274] Tesini A, Bede Otto', Blight J, et al, ITER Remote Maintenance System (IRMS) lifecycle management. *Fusion Engineering & Design*, Vol. 86, No. 9 – 11, 2011, pp. 1765 – 1788.

[275] Tetik M, Peltokorpia A, Seppänena O, Holmströmb J, Direct digital construction: Technology-based operations management practice for continuous improvement of construction industry performance. *Automation in Construction*, No. 107, 2019, pp. 1 – 13.

[276] Tiwari P, Sadeghi J K, Eseonu C, A sustainable lean production framework with a case implementation: Practice-based view theory. *Journal of Cleaner Production*, Vol. 277, 2020.

[277] Tortorella G L, Pradhan N, Anda E, Trevino S, Sawhney R, Kumar M, Designing lean value streams in the fourth industrial revolution era: Proposition of technology-integrated guidelines. *International Journal of Production Research*, Vol. 58, No. 16, 2020, pp. 5020 – 5033.

[278] Tortorella G L, Saurin T A, Filho M G, Samson D, Kumar M,

Bundles of Lean Automation practices and principles and their impact on operational performance. *International Journal of Production Economics*, Vol. 235, 2021.

[279] Tripathi V, Chattopadhyaya S, Mukhopadhyay A K, et al, A sustainable methodology using lean and smart manufacturing for the cleaner production of shop floor management in Industry 4.0. *Mathematics*, Vol. 10, No. 3, 2022, p. 347.

[280] Trompette N, Legal L, Reverberation time recommendations for noisy industrial workshops. *Journal of Occupational and Environmental Hygiene*, Vol. 17, No. 9, 2020, pp. 426 – 436.

[281] Uemura T, Onode E, Yokoi T, et al, Nerve capping technique with nerve conduit for treating painful digital neuroma: A case report. *Journal of Orthopaedic Science*, Vol. 27, No. 1, 2022, pp. 284 – 287.

[282] Um J, Fischer K, Spieldenner T, Kolberg D, Development a Modular Factory with Modular Software Components. *Procedia Manufacturing*, Vol. 11, 2017.

[283] Vinodh S, Kumar C V, Manjunatheshwara K J, Development of a methodology to evaluate lean remanufacturing characteristics in a manufacturing organisation. *Int. J. of Services and Operations Management*, Vol. 21, No. 2, 2015.

[284] Wachter K W, Freedman D A, Measuring Local Heterogeneity with 1990 U. S. Census Data. *Demographic Research*, Vol. 3, 2000.

[285] Wang J L, Xu C Q, Zhang J, Bao J S, Zhong R, A collaborative architecture of the industrial internet platform for manufacturing systems. *Manufacturing*, No. 61, 2020.

[286] Wang L, Wu M, Xu X, Fan W, The diffusion of intelligent manufacturing applications-based SIR model. *Journal of Intelligent and Fuzzy Systems Preprint*, Vol. 38, No. 6, 2020, pp. 7725 – 7732.

[287] Wang Y, Hajli N, Exploring the path to big data analytics success in healthcare. *Journal of Business Research*, No. 70, 2017, pp. 287 – 299.

[288] Wangwacharakul P, Berglund M, Harlin U, Gullander P, Cultural aspects when implementing lean production and lean product development—experiences from a Swedish perspective. *Quality Innovation Prosperity*, Vol. 18, 2014, pp. 125 – 140.

［289］Welo T, Lycke A, Ringen G, Investigating the use of set-based concurrent engineering in product manufacturing companies. *Procedia CIRP*, No. 84, 2019, pp. 43 –48.

［290］William, Wang Y C, Analytics in the era of big data: The digital transformations and value creation in industrial marketing. *Industrial Marketing Management*, Vol. 27, 2020. (online)

［291］Woo C, Chung Y, Chun D, Han S, Lee D, Impact of Green Innovation on Labor Productivity and its Determinants: An Analysis of the Korean Manufacturing Industry. *Business Strategy and the Environment*, Vol. 23, No. 8, 2014.

［292］Xu G, Wu Y, Minshall T, Zhou Y, Exploring innovation ecosystems across science, technology, and business: A case of 3D printing in China. *Technol Forecast Soc Change*, No. 136, 2017, pp. 208 –221.

［293］Xu Y, Landon Y, Segonds, Stéphane, et al, A decision support model in mass customization. *Computers & Industrial Engineering*, No. 114, 2017, pp. 11 –21.

［294］Yan H, Hua Q, Wang Y, et al, Cloud robotics in smart manufacturing environments: Challenges and countermeasures. *Computers & Electrical Engineering*, No. 63, 2017, pp. 56 –65.

［295］Yan L, Liu J, Xu F, Teo K L, Lai M, Control and synchronization of hyper chaos in digital manufacturing supply chain. *Applied Mathematics and Computation*, Vol. 391, 2020.

［296］Yan Z, Lei X, Promote intelligent manufacturing with lean six sigma management concept. *Proceedings of the Seventh Asia International Symposium on Mechatronics*, No. 589, 2019, pp. 19 –29.

［297］Yao Y, Xu Y, Dynamic decision making in mass customization. *Computers & Industrial Engineering*, No. 120, 2018, pp. 129 –136.

［298］Yildirim B F, Mercangoz B A, Evaluating the logistics performance of OECD countries by using fuzzy AHP and ARAS – G. *Eurasian Economic Review*, Vol. 10, No. 1, 2020, pp. 27 –45.

［299］Yuan C, Li G, Kamarthi S, et al, Trends in intelligent manufacturing research: A keyword co-occurrence network based review. *Journal of Intelli-*

gent Manufacturing, 2022, pp. 1 – 15.

[300] Zhai X Q, An Y F, Analyzing influencing factors of green transformation in China's manufacturing industry under environmental regulation: A structural equation model. *Journal of Cleaner Production*, Vol. 251, 2020.

[301] Zhang M H, Gao X L, Zhou X Y, et al, An intelligent scheduling strategy of collaborative logistics for mass customization. *Procedia Engineering*, No. 29, 2012, pp. 2621 – 2626.

[302] Zhang X, Ming X, Bao Y, et al, Networking-enabled product service system (N – PSS) in collaborative manufacturing platform for mass personalization model. *Computers & Industrial Engineering*, Vol. 163, 2022.

[303] Zhang X, Yu T, Xu P, et al, An intelligent sustainability evaluation system of micro milling. *Robotics and Computer-Integrated Manufacturing*, Vol. 73, 2022.

[304] Zhang Y, Yu X, Sun J, et al, Intelligent STEP – NC – compliant setup planning method. *Journal of Manufacturing Systems*, Vol. 62, 2022, pp. 62 – 75.

[305] Zhao K, Set pair analysis and identity-discrepant-contrary decision-making. *Decision-making Exploring*, 1992, pp. 14 – 15.

[306] Zhao R, Sang H, Exploring a new lean operation mode for Chinese manufacturing enterprises based on comparing major "Industry 4.0" strategies. Proceeding of the 24th International Conference on Industrial Engineering and Engineering Management 2018, 2019.

[307] Zhou J, Li P, Zhou Y H, Wang B C, Zang J Y, Meng L, Toward New – Generation Intelligent Manufacturing. *Engineering*, Vol. 4, No. 1, 2018.

[308] Zhou J, Li P, Zhou Y H, Wang B, Zang J Y, Meng L. Toward New – Generation Intelligent Manufacturing. *Engineering*, Vol. 4, No. 1, 2018.

[309] Zhou Y, Zang J Y, Miao Z Z, Minshall T, Upgrading pathways of intelligent manufacturing in China: Transitioning across technological paradigms. *Engineering*, No. 5, 2019, pp. 691 – 701.

[310] Zhuang C, Miao T, Liu J, Xiong H, The connotation of digital twin, and the construction and application method of shop-floor digital twin. *Robotics and Computer-Integrated Manufacturing*, Vol. 68, 2021.

附　　录

附录1　问　　卷

产权异质下传统制造型企业"点线面体"阶段精益数字化推行影响因素研究

尊敬的女士/先生：

您好！本问卷旨在探讨产权异质的传统制造型企业在推行精益数字化的过程中，分别应如何合理地把控"点线面体"四个阶段（分别指生产现场、作业、流程、战略组织阶段）的关键要素，以明晰各阶段的精益数字化推行路径，进而促进企业绩效增长。本研究仅供学术研究之目的，不会用于任何商业用途，我们承诺，您所提供的任何信息我们都将严格保密，请您放心并客观回答。您的回答对我们的研究非常重要，非常感谢您的大力支持！祝您工作顺利，万事如意！

山西财经大学

管理科学与工程学院

联系人：　　　　　　TEL：　　　　　　邮箱：

一、基本信息

1. 您的性别：

A. 男　　　　　　　B. 女

2. 您来自哪个企业？＿＿＿＿＿＿＿＿

3. 您所在企业的产权性质：

A. 国有　　　　　　B. 民营

4. 您在企业的职位是：

A. 高层管理者　　　B. 中层管理者　　　C. 基层管理者　　　D. 员工

5. 您对所在企业精益数字化推行的相关情况是否了解？

A. 了解　　　　　　B. 不了解

二、"点线面体" 阶段精益数字化推行影响要素重要性认知评价的测度问卷

精益数字化的推行由一线员工、基层管理者、中层管理者、高层管理者为主要推动者，分别针对现场、作业、流程、战略机制进行持续改善，即由点及线再及面和体，逐级有序推行，实现全面把控。请根据您的真实感觉，对以下题项进行评价，并在相应数字上做出标记。

1 = 非常认同；2 = 比较认同；3 = 一般；4 = 比较不认同；5 = 非常不认同							
内部环境							
点阶段							
现场物理实体与数字虚体双向动态交互	1	企业能够运用构建的数字模型模拟物理实体的相关操作	1	2	3	4	5
	2	企业能够运用构建的数字模型预测物理实体的相关操作	1	2	3	4	5
	3	企业能够运用构建的数字模型验证物理实体的相关操作	1	2	3	4	5
数字信息系统全方位覆盖	1	企业能够配备完备的数字化设备与系统	1	2	3	4	5
	2	数字化设备与系统能够对生产现场进行全时段覆盖	1	2	3	4	5
	3	数字化设备与系统能够对生产现场进行全空间覆盖	1	2	3	4	5
员工积极参与现场改善	1	员工能够积极发现生产现场改善中的问题，并向上级沟通反馈	1	2	3	4	5
	2	员工能够针对生产现场改善中的问题进行创造性思考，并妥善解决难题	1	2	3	4	5
	3	员工能够对生产现场的改善提供合理化建议	1	2	3	4	5
现场冗余检验与判断机制	1	企业能够借助主观经验或机器设备及时检验到生产过程中的冗余	1	2	3	4	5
	2	企业能够建立合理有效的现场冗余甄别、检测、检验、处理机制	1	2	3	4	5

1＝非常认同；2＝比较认同；3＝一般；4＝比较不认同；5＝非常不认同

内部环境

点阶段

安装/布局/巡检/维护可视化	1	企业能够实现设备安装的可视化	1	2	3	4	5
	2	企业能够实现人机物等布局的可视化	1	2	3	4	5
	3	企业能够实现人机物等巡检的可视化	1	2	3	4	5
	4	企业能够实现人机物等维护的可视化	1	2	3	4	5
现场精细化	1	企业生产现场各单元实现了精确、高效、协调与持续运行	1	2	3	4	5
	2	企业生产现场各单元实现了专业化、标准化、数据化与信息化	1	2	3	4	5

线阶段

全员参与自动化生产	1	企业能形成以基层管理者为主导，全体基层员工为支撑的改善人员体系	1	2	3	4	5
	2	全体基层员工能积极参与自动化生产	1	2	3	4	5
人机物交互式无缝连接	1	企业能够保证人机物之间信息畅通	1	2	3	4	5
	2	人机物之间能够很好地协调，并协作完成各项任务	1	2	3	4	5
	3	企业建立了人机物之间的多重连接方式	1	2	3	4	5
集成库存/生产/订单数据	1	企业能够有效集成相关库存数据	1	2	3	4	5
	2	企业能够有效集成相关生产数据	1	2	3	4	5
	3	企业能够有效集成相关订单数据	1	2	3	4	5
生产参数实时优化	1	企业能够及时优化常规情况下的生产参数	1	2	3	4	5
	2	企业能够及时优化突发情况下的生产参数	1	2	3	4	5
柔性并行工程	1	企业能够针对生产链与供应链需求的变化迅速做出调整	1	2	3	4	5
	2	企业能够应付多品种、小批量的生产	1	2	3	4	5
	3	企业能够生产出较低成本、较高质量的不同品种产品的能力	1	2	3	4	5
作业敏捷化	1	企业的各项作业对外界的变化具有较强的缓冲能力	1	2	3	4	5
	2	企业的各项作业能对外界需求较好地做出同步响应	1	2	3	4	5

续表

1 = 非常认同；2 = 比较认同；3 = 一般；4 = 比较不认同；5 = 非常不认同

内部环境

面阶段

持续更新/ 维护/再利 用流程数据	1	企业能够对相关流程数据进行持续更新	1	2	3	4	5
	2	企业能够对相关流程数据进行定期维护	1	2	3	4	5
	3	企业能够对相关流程数据进行循环再利用	1	2	3	4	5
数字化流程 标准化体系	1	企业编制了数字化流程标准化体系	1	2	3	4	5
	2	企业有效落实了数字化流程标准化体系	1	2	3	4	5
流程规范化 科学指导	1	企业的各项流程得到了标准化、规范化指导	1	2	3	4	5
	2	企业的各项流程能够科学、合理运行	1	2	3	4	5
供应链全面 协同	1	企业能够协调内部供应链之间的信息流、物流和资金流	1	2	3	4	5
	2	企业能够协调外部上下游合作企业之间的信息流、物流和 资金流	1	2	3	4	5
	3	企业能够将内部供应链与外部供应链进行较好的融合	1	2	3	4	5
流程一体化	1	企业的各项流程能够较好地协同	1	2	3	4	5
	2	企业的各项流程能够实现横纵向一体化	1	2	3	4	5

体阶段

智造持续改 进机制和安 全生产体系	1	企业构建了智造持续改进机制	1	2	3	4	5
	2	企业构建了智造安全生产机制	1	2	3	4	5
精益数字化 文化导入与 落地	1	企业打造了合理的精益文化	1	2	3	4	5
	2	企业能够将精益文化融入各项实践与服务中	1	2	3	4	5
	3	企业能够借助数字化设备宣扬并落实精益文化	1	2	3	4	5
内外部专业 咨询管理 团队	1	企业内部成立了专业的精益咨询团队	1	2	3	4	5
	2	企业外部聘请了专业的精益咨询团队	1	2	3	4	5
	3	企业内外部精益咨询团队能够很好地配合	1	2	3	4	5
复合型员工 定向培训	1	企业能够定期对员工进行复合培训	1	2	3	4	5
	2	企业能够以丰富的形式对员工进行复合培训	1	2	3	4	5

1＝非常认同；2＝比较认同；3＝一般；4＝比较不认同；5＝非常不认同

内部环境

体阶段

动态科学 人力配置	1	企业建立了合理的人才引进、人才培养与资源配置机制	1	2	3	4	5
	2	企业能够动态配置人岗，最大限度地发挥人力资源的作用	1	2	3	4	5
组织结构及 机制动态化	1	企业能够持续推进组织结构调整工作	1	2	3	4	5
	2	企业能够建立合理的组织结构调整机制	1	2	3	4	5

外部环境

政府补贴	1	企业所在地能有效落实转型升级补助政策	1	2	3	4	5
	2	企业得到了政府的资金、设备补贴	1	2	3	4	5

再次感谢您的大力支持！请您确认没有漏答后，将问卷发送至邮箱×××
×@×××.com。如果您对研究结果感兴趣，请留下您的电子邮箱地址，届
时我们会将最终研究成果提供给您，供您参考！

附录2　RDEU 博弈模型的部分 Matlab 程序

```
%  纵轴为 p,r1 属于(0,1)
q = 0:0.01:1;
r1 = 0:0.01:1;
[Q,R1] = meshgrid(q,r1);
A = 1. /Q;
B = A - 1;
C = B. * (1/3);
D = R1 - 1;
E = 1. /D;
F = C. ^E;
G = 1 - Q;
```

```
H = F. * G;
I = H + Q;
P = 1. /I;
surf(R1,P,Q);
axis([0 0.99 0 1 0 1]);

% 纵轴为 p,r1 属于(1,5)
q = 0:0.01:1;
r1 = 1:0.1:5;
[Q,R1] = meshgrid(q,r1);
A = 1. /Q;
B = A - 1;
C = B. * (1/3);
D = R1 - 1;
E = 1. /D;
F = C. ^E;
G = 1 - Q;
H = F. * G;
I = H + Q;
P = 1. /I;
surf(Q,R1,P);
axis([0 1 1 5 0 1]);
```

附录 3　动态博弈模型的部分 Matlab 程序

```
t = 0:0.01:1;
[y,x] = meshgrid(t)
p = 0.5,o = 1,a = 0.3,r = 0.4,b = 0.5;
z1 = (x. ^4. * (2. - a)). /(y. * (x. ^2. + (1. - a. ^2). * y. * p. * o)) -
(x. ^4. * (x. ^2. + y. * p. * o)). /(y. * (x. ^2. + (1. - a. ^2). * y. *
p. * o));
```

```
subplot(2,2,1)
meshc(x,y,z1),view(55,10);% 画图
xlabel('团队协作系数')% x 轴标题
ylabel('员工努力成本系数')% y 轴标题
zlabel('企业最优期望收益')% y 轴标题
% set(gca,'xDir','reverse');
title('无监督情况')

t=0:0.01:1;
[x,y]=meshgrid(t)
p=0.5,o=1,a=0.3,r=0.4,b=0.5;
z2=(x.^4.*(2.-a))./(y.*(x.^2.+(1.+2.*r).*(1.-a.^2).*
y.*p.*o))-(x.^4.*(x.^2.*(2.+a.^2-2.*a)+y.*p.*o.*(2.
-2.*a)))./(2.*y.*((x.^2.+(1.+2.*r).*(1.-a.^2).*y.*p.
*o)).^2);
subplot(2,2,2)
meshc(x,y,z2),view(55,10);% 画图
xlabel('团队协作系数')% x 轴标题
ylabel('员工努力成本系数')% y 轴标题
zlabel('企业最优期望收益')% y 轴标题
title('横向监督情况')

t=0:0.01:1;
[x,y]=meshgrid(t)
p=0.5,o=1,a=0.3,r=0.4,b=0.5;
z3=(x.^4.*(2.-a))./(y.*(x.^2.+(1.+2.*r).*(1.-a.^2).*
y.*p.*o))-(x.^4.*(x.^2.*(2.+a.^2-2.*a)+y.*p.*o.*
(2.-2.*a)))./(2.*y.*((x.^2.+(1.+2.*r).*(1.-a.^2).*
y.*p.*o)).^2)-(b./2.*o);
subplot(2,2,3)
meshc(x,y,z3),view(55,10);% 画图
```

```
xlabel('团队协作系数')% x 轴标题
ylabel('员工努力成本系数')% y 轴标题
zlabel('企业最优期望收益')% y 轴标题
title('纵向监督情况')
hold on
grid on


x = 0:0.01:1;
p = 0.5,c = 0.1,o = 1,a = 0.3,d = 0.5;
y1 = (x.^4. * (2. -a))./(c. * (x.^2. +(1. -a.^2). * c. * p. * o)) -
(x.^4. * (x.^2. +c. * p. * o))./(c. * (x.^2. +(1. -a.^2). * c. *
p. * o)) -(r.^2./c);
subplot(2,2,4)
plot(x,y1,'.b -');% 画图
xlabel('团队协同系数')% x 轴标题
ylabel('企业最优期望收益')% y 轴标题
grid on
hold on
x = 0:0.01:1;
p = 0.5,c = 0.1,o = 1,r = 0.4;
y2 = (x.^4. * (2. -a))./(c. * (x.^2. +(1. +2. * r). * (1. -a.^2). *
c. * p. * o)) -(x.^4. * (x.^2. * (2. +a.^2 -2. * a) +c. * p. * o. *
(2. -2. * a)))./(2. * c. * ((x.^2. +(1. +2. * r). * (1. -a.^2). *
c. * p. * o)).^2);
plot(x,y2,'b* -');% 画图
hold on
y3 = (x.^4. * (2. -a))./(c. * (x.^2. +(1. +2. * r). * (1. -a.^2). *
c. * p. * o)) -(x.^4. * (x.^2. * (2. +a.^2 -2. * a) +c. * p. * o. *
(2. -2. * a)))./(2. * c. * ((x.^2. +(1. +2. * r). * (1. -a.^2). *
c. * p. * o)).^2) -(d./(2. * o));
plot(x,y3,'b - -');% 画图
```

```
hold on
x=0:0.01:1;
p=0.5,c=0.5,o=1;
y1=(x.^4.*(2.-a))./(c.*(x.^2.+(1.-a.^2).*c.*p.*o))-
(x.^4.*(x.^2.+c.*p.*o))./(c.*(x.^2.+(1.-a.^2).*c.*
p.*o));
plot(x,y1,'.r-');% 画图
hold on
x=0:0.01:1;
p=0.5,c=0.5,o=1,r=0.4;
y2=(x.^4.*(2.-a))./(c.*(x.^2.+(1.+2.*r).*(1.-a.^2).*
c.*p.*o))-(x.^4.*(x.^2.*(2.+a.^2-2.*a)+c.*p.*o.*
(2.-2.*a)))./(2.*c.*((x.^2.+(1.+2.*r).*(1.-a.^2).*
c.*p.*o)).^2);
plot(x,y2,'r*-');% 画图
y3=(x.^4.*(2.-a))./(c.*(x.^2.+(1.+2.*r).*(1.-a.^2).*
c.*p.*o))-(x.^4.*(x.^2.*(2.+a.^2-2.*a)+c.*p.*o.*
(2.-2.*a)))./(2.*c.*((x.^2.+(1.+2.*r).*(1.-a.^2).*
c.*p.*o)).^2)-(b./(2.*o));
plot(x,y3,'r--');% 画图
grid on
hold on
legend('无监督c=0.1','横向监督c=0.1','纵向监督c=0.1','无监
督c=0.5','横向监督c=0.5','纵向监督c=0.5')
```